공기업

최단기문제풀이

회계학

공기업 회계학
최단기 문제풀이

초판 발행 2019년 1월 14일
개정판 발행 2025년 1월 10일

편 저 자 | 취업적성연구소
발 행 처 | ㈜서원각
등록번호 | 1999-1A-107호
주 소 | 경기도 고양시 일산서구 덕산로 88-45(가좌동)
교재주문 | 031-923-2051
팩 스 | 031-923-3815
교재문의 | 카카오톡 플러스 친구[서원각]
홈페이지 | goseowon.com

Preface

현재 청년실업자가 30만 명에 육박하는 가운데 국가적으로 커다란 문제가 되고 있는데 정부의 공식 통계를 넘어 실제 체감 청년실업률은 30%를 넘는다는 분석이 나오고 있습니다.
이러한 현실에서 대학생과 대졸자들에게 '신의 직장'으로 그려지는 공기업은 해를 거듭할수록 많은 지원자들이 몰리고 있는 실정입니다.
많은 공기업에서 신입사원 채용 시 필기시험을 실시합니다. 일반 대기업의 필기시험이 인적성만으로 구성되는 것과는 달리 공기업의 필기시험은 전공시험이 포함되어 있다는 것이 특징이라고 할 수 있습니다.

본서는 공사 · 공단 전공시험 회계학에 대비하기 위한 문제집으로 유형분석을 통해 단원별로 기출이 예상되는 문제를 수록하고, 매 문제마다 상세하고 꼼꼼한 해설과 문제를 이해하는데 도움이 되는 보충이론을 담아 실전에 대비할 수 있도록 구성하였습니다.

수험생들이 본서와 함께 합격이라는 꿈을 이룰 수 있기를 바랍니다.

Structure

CHAPTER

회계의 기초이론

1 다음 중 한국채택 국제회계기준상 재무제표가 아닌 것은?

① 이익잉여금처분계산서
② 재무상태표
③ 현금흐름표
④ 주석

2 한국채택 국제회계기준의 도입과 관련한 설명으로 옳지 않은 것은?

① 공시체계가 연결 재무제표 중심으로 전환되어 내부거래가 제거된 연결재무정보가 공시되므로 회계투명성과 재무정보의 질이 높아진다.
② 회계처리의 기본원칙과 방법론을 제시하는 데 주력하는 원칙중심의 기준체계로 복잡한 현실을 모두 규율할 수 없어 기업의 규제회피가 쉬워진다.
③ 자본시장의 투자자에게 기업의 재무상태 및 내재가치에 대한 의미있는 투자정보를 제공하는 데 중점을 두어 공정가치 회계가 확대 적용된다.
④ 한국회계기준원 및 규제기관에 대한 질의와 회신의 역할이 축소되어 기업 회계담당자들의 전문성이 절실하게 요구된다.

...손익계산서, 자본변동표, 현금흐름표, 주석이다.

...로 하는 경우가 많은 회계기준으로 기업의 규율회피가 쉽지 않다.

3 재무보고를 위한 개념체계의 내용으로 ...

① 유용한 재무정보의 질적 특성은 재... 되는 재무정보에도 적용된다.
② 재무정보가 유용하기 위한 근본적인...
③ 재무정보에 예측가치, 확인가치 또는... 수 있다.
④ 완벽하게 충실한 표현을 하기 위해서는...

4 자산의 측정에 대한 설명으로 옳지 않은 것은?

① 역사적 원가는 자산의 보유에 따라 발생하는 손익을 무시한다.
② 취득시점에서 취득원가로 기록한 후 자산이나 부채의 기간경과에 따라 조정하는 상각후원가는 현행 원가의 범주에 속한다.
③ 순실현가능가치는 당해 자산이 현금 또는 현금등가액으로 전환될 때 수취할 것으로 예상되는 금액에서 이러한 전환에 직접 소요될 비용을 차감한 금액이다.
④ 기업이 가장 보편적으로 사용하는 측정기준은 역사적 원가이며 이러한 역사적 원가는 다른 측정기준과 함께 사용되기도 한다.

5 다음은 재무회계에 관한 사항을 설명한 것이다. 이 중 바르지 않은 것은?

① 기업의 재무상태, 경영성과에 관한 정보를 가지고 있다.
② 내부 정보이용자에게 많은 정보를 제공한다.
③ 통상적으로 인정된 회계원칙을 지니고 있다.
④ 보고서 양식은 재무제표를 따르고 있다.

ANSWER | 3.② 4.② 5.②

3 ② 재무정보가 유용하기 위한 근본적 질적 특성은 목적적합성과 충실한 표현이다.

4 ② 취득시점에서 취득원가로 기록한 후 자산이나 부채의 기간경과에 따라 조정하는 상각후원가는 역사적 원가의 범주에 속한다.

5 재무회계는 외부 정보이용자(주주, 채권자)의 의사결정에 있어서 유용한 정보를 제공한다.

01. 회계의 기초이론 9

출제예상문제

기출문제 분석을 통해 출제가 예상되는 문제를 엄선하여 수록하였습니다. 문제마다 상세한 해설로 학습 능률을 높였습니다.

상세한 해설

매 문제마다 상세한 해설을 달아 문제풀이만으로도 개념학습이 가능하도록 하였습니다. 문제풀이와 함께 이론정리를 함으로써 완벽하게 학습할 수 있습니다.

Contents

PART 01

재무회계

PART 02

원가회계

01

재무회계

CHAPTER

01 회계의 기초이론

1 다음 중 한국채택 국제회계기준상 재무제표가 아닌 것은?

① 이익잉여금처분계산서
② 재무상태표
③ 현금흐름표
④ 주석

2 한국채택 국제회계기준의 도입과 관련한 설명으로 옳지 않은 것은?

① 공시체계가 연결 재무제표 중심으로 전환되어 내부거래가 제거된 연결재무정보가 공시되므로 회계투명성과 재무정보의 질이 높아진다.
② 회계처리의 기본원칙과 방법론을 제시하는 데 주력하는 원칙중심의 기준체계로 복잡한 현실을 모두 규율할 수 없어 기업의 규제회피가 쉬워진다.
③ 자본시장의 투자자에게 기업의 재무상태 및 내재가치에 대한 의미있는 투자정보를 제공하는 데 중점을 두어 공정가치 회계가 확대 적용된다.
④ 한국회계기준원 및 규제기관에 대한 질의와 회신의 역할이 축소되어 기업 회계담당자들의 전문성이 절실하게 요구된다.

ANSWER | 1.① 2.②

1 ① 한국채택국제회계기준상 재무제표는 재무상태표, 포괄손익계산서, 자본변동표, 현금흐름표, 주석이다.

2 ② 원칙 중심의 기준체계로써 재량적인 전문가 판단을 필요로 하는 경우가 많은 회계기준으로 기업의 규율회피가 쉽지 않다.

3 재무보고를 위한 개념체계의 내용으로 옳지 않은 것은?

① 유용한 재무정보의 질적 특성은 재무제표에서 제공되는 재무정보에도 적용되며, 그 밖의 방법으로 제공되는 재무정보에도 적용된다.
② 재무정보가 유용하기 위한 근본적인 질적 특성은 목적 적합성과 적시성이다.
③ 재무정보에 예측가치, 확인가치 또는 이 둘 모두가 있다면 그 재무정보는 의사결정에 차이가 나도록 할 수 있다.
④ 완벽하게 충실한 표현을 하기 위해서는 서술은 완전하고, 중립적이며, 오류가 없어야 한다.

4 자산의 측정에 대한 설명으로 옳지 않은 것은?

① 역사적 원가는 자산의 보유에 따라 발생하는 손익을 무시한다.
② 취득시점에서 취득원가로 기록한 후 자산이나 부채의 기간경과에 따라 조정하는 상각후원가는 현행 원가의 범주에 속한다.
③ 순실현가능가치는 당해 자산이 현금 또는 현금등가액으로 전환될 때 수취할 것으로 예상되는 금액에서 이러한 전환에 직접 소요될 비용을 차감한 금액이다.
④ 기업이 가장 보편적으로 사용하는 측정기준은 역사적 원가이며 이러한 역사적 원가는 다른 측정기준과 함께 사용되기도 한다.

5 다음은 재무회계에 관한 사항을 설명한 것이다. 이 중 바르지 않은 것은?

① 기업의 재무상태, 경영성과에 관한 정보를 가지고 있다.
② 내부 정보이용자에게 많은 정보를 제공한다.
③ 통상적으로 인정된 회계원칙을 지니고 있다.
④ 보고서 양식은 재무제표를 따르고 있다.

ANSWER | 3.② 4.② 5.②

3 ② 재무정보가 유용하기 위한 근본적 질적 특성은 목적적합성과 충실한 표현이다.

4 ② 취득시점에서 취득원가로 기록한 후 자산이나 부채의 기간경과에 따라 조정하는 상각후원가는 역사적 원가의 범주에 속한다.

5 재무회계는 외부 정보이용자(주주, 채권자)의 의사결정에 있어서 유용한 정보를 제공한다.

6 재무제표에 대한 설명 중 옳지 않은 것은?

① 계속기업의 전제가 타당한지 판단하기 위하여 경영자는 최소한 향후 3년 간의 수익성, 부채상환계획, 대체적 재무자원의 조달계획 등 예상가능한 모든 정보를 고려하여야 한다.
② 재무제표의 작성과 표시에 대한 책임은 경영자에게 있다.
③ 재무제표가 기업회계기준에서 요구하는 사항을 모두 충족하지 않은 경우에는 기업회계 기준에 따라 작성되었다고 기재하여서는 안 된다.
④ 재무제표의 기간별 비교가능성을 제고하기 위하여 전기 재무제표상의 모든 계량정보를 당기와 비교하는 형식으로 표시한다.

7 주석이란 재무제표상의 해당 과목 또는 금액에 기호를 붙이고 난외 또는 별지에 동일한 기호를 표시하여 그 내용을 간결 · 명료하게 기재하는 방법이다. 다음 중 주석에 대한 설명으로 옳지 않은 것은?

① 재무제표와 관련된 부분으로서 비계량적 정보의 표현능력을 갖는다.
② 주석을 과도하게 사용하는 경우 정보과다현상이 발생하여 이용자를 오도하는 폐해가 있으므로 기준에서 필수적으로 요구하는 사항만을 명료하게 공시하여야 한다.
③ 주석은 재무제표에 사용되는 적절한 분류, 평가, 기술을 위한 하나의 보완수단으로 사용할 수 있다.
④ 주석은 부수적으로 중요성을 갖는 양적 자료나 설명자료를 표시할 수 있다.

8 다음 중 재무제표의 기본가정이 아닌 것은?

① 기업 간 보고의 가정
② 기업실체의 가정
③ 계속기업의 가정
④ 화폐평가의 가정

ANSWER | 6.① 7.② 8.①

6 ① 기업이 계속적으로 존재하지 못할 것이라는 명백한 증거가 없는 한 계속 존재한다는 가정 하에 회계처리 한다.

7 기업회계기준에서는 주석으로 기재할 사항에 대해서 필수적 주석사항과 보충적 주석사항으로 규정하고 있다.
주석이란 정보이용자들을 위한 정보제공의 효율성을 제공하고자 함에 있다.

8 ① 기업 간 보고의 가정이 아니라 기간별 보고의 가정이다.

9 재무제표의 외부감사의견에 대한 설명으로 옳지 않은 것은?

① 감사실시 중 감사범위가 특히 중요하게 제한받게 되면 부적정의견이 표명된다.
② 감사인이 독립성이 결여된 경우에는 그 결여의 중요도에 관계없이 항시 의견이 거절된다.
③ 감사인이 한정의견을 표명하는 경우 그 내용은 감사보고서의 범위문단 및 혹은 중간문단에 반드시 언급되어 있어야 한다.
④ 감사인이 부적정의견을 표명하는 경우 그 주요 내용은 감사보고서의 범위문단에서가 아니라 중간문단에서 언급된다.

10 알파상사(주)는 한 가지 종류의 임차료를 지급하고 있는데, 전기 재무상태표에 선급임차료가 없고 미지급임차료가 ₩5,000 계상되어 있으며, 당기 손익계산서에는 임차료비용이 ₩10,000 계상되어 있다. 당기에 현금으로 지급한 임차료가 ₩20,000이라면 당기 재무상태표에 계상된 계정과목과 금액은?

① 미지급임차료 ₩5,000
② 선급임차료 ₩5,000
③ 미지급임차료 ₩10,000
④ 선급임차료 ₩10,000

11 (주)한국은 2023년 12월에 가득된 종업원 용역에 대한 대가는 2024년 1월 10일에 지급하기로 결정하였기 때문에 2023년 결산수정에 반영하지 않았다. 이 사건이 2023년 12월 31일 재무상태표에 미치는 영향으로 옳은 것은?

	자산	부채	자본
①	과대계상	과대계상	과대계상
②	과대계상	과소계상	과소계상
③	영향없음	과대계상	과소계상
④	영향없음	과소계상	과대계상

ANSWER | 9.① 10.② 11.④

9 의견의 종류 … 적정의견, 한정의견, 부적정의견, 무의견(의견거절) 등이 있다.
① 의견거절에 해당한다.

10 20,000(당기현금지급액) − 5,000(전기미지급임차료) − 10,000(당기임차료) = ₩5,000(선급임차료)

11 ④ 2024년에 계상되었어야 하는 주식보상 비용과 미지급 비용이 누락되었으므로 부채는 과소계상되며 이에 따라 자본은 과대계상된다.

12 다음 중 회계의 목적에 대한 설명으로 옳은 것은?

① 회계는 기업의 재무상태와 경영성과를 파악하는 것을 목적으로 한다.
② 회계는 기업에서 발생한 사건을 단순히 장부에 기입하는 작업이다.
③ 회계는 기업의 손익 등 경영성과 만을 파악하는 것을 목적으로 한다.
④ 회계는 기업의 자산 · 부채 등 재무상태 만을 파악하는 것을 목적으로 한다.

13 다음 중 역사적 원가주의(historical cost principle)가 주장하는 근거에 속하지 않는 것은?

① 객관적이고 검증가능하다.
② 미실현이익계상을 배제한다.
③ 기업회계원칙에서 원칙적으로 지지하고, 특히 고정자산평가에서 상법이 지지하고 있다.
④ 자산을 보유함으로 나타난 손익과 영업활동으로 나타난 손익을 구분계상할 수 있다.

14 다음 중 보수적인 회계처리라고 할 수 없는 것은?

① 우발채무의 계상
② 물가상승 시 선입선출법에 의한 재고자산의 평가
③ 공사완성 기준에 의한 공사수익 인식
④ 정률법에 의한 감가상각

ANSWER | 12.① 13.④ 14.②

12 ① 회계는 기업의 이해관계자가 유용한 의사결정을 하는 유용한 정보인 기업의 재무상태와 경영성과를 파악하여 제공하는 것을 목적으로 한다.

13 ④ 자산보유손익의 미계상을 통한 실물자본유지를 어렵게 하는 것이 역사적 원가주의의 단점이다.

14 보수주의 … 기업의 건전한 재무상태를 위하여 수익은 적게, 비용은 크게 인식하는 방법이다.
② 물가상승 시 후입선출법이 선입선출법에 의한 계상보다 많은 매출원가 즉, 적은 순이익이 계상된다.

15 "예상되는 이익은 계상하지 않고 예상되는 손실은 계상해야 한다."는 말은 다음 중 어느 회계원칙에 해당되는가?

① 충분성
② 안전성
③ 명료성
④ 중요성

16 다음 중 목적적합하고 신뢰성 있는 정보에 대한 제약요인이 아닌 것은?

① 적시성
② 중요성
③ 효익과 원가 간의 균형
④ 질적특성 간의 균형

17 유용한 재무정보의 질적특성을 근본적 질적특성과 보강적 질적특성으로 구분할 경우 보강적 질적특성으로 옳지 않은 것은?

① 비교가능성
② 검증가능성
③ 적시성
④ 예측가능성

18 다음 중 기업실체이론에 관한 설명으로 옳은 것은?

① 기업과 기업주는 동일한 회계실체로 본다.
② 회사의 채무는 기업주의 채무로 본다.
③ 기업실체이론을 나타내는 회계등식은 '자산 − 부채 = 자본'이다.
④ 부채와 자본을 동질적인 것으로 본다.

ANSWER | 15.② 16.② 17.④ 18.④

15 ② 제시된 내용은 보수주의 개념을 말하는 것으로 기업의 건전한 재무상태를 위한 개념으로서 안전성과 관련이 있다.

16 ② 목적적합하고 신뢰성 있는 정보에 대한 제약요인에는 적시성, 효익과 원가 간의 균형, 질적특성 간의 균형이 있다.

17 ④ 보강적 질적특성에는 비교가능성, 검증가능성, 적시성이 있고, 예측가능성은 근본적 질적특성인 목적적합성에 해당하는 항목이다.

18 기업실체이론을 나타내는 회계등식은 '자산 = 부채(채권자지분) + 자본(주주지분)'으로 자산은 기업의 자산이며 부채는 채권자가 기업에 대하여 가지는 청구권, 자본은 주주가 기업에 대하여 가지는 청구권으로 부채와 자본을 동질적인 것으로 본다.

19 다음 회계주체이론에 관한 설명 중 옳지 않은 것은?

① 자본주이론에서는 기업을 자본주(주주)의 것으로 본다.
② 기업실체이론에서는 기업을 자본주(주주)의 것으로 본다.
③ 기업실체이론에서는 지급이자나 법인세를 비용이 아니라 이익의 분배로 본다.
④ 잔여지분이론에서 잔여지분이란 보통주지분을 말한다.

20 다음 장부조직 중 주요장부로만 구성된 것은?

① 매출장과 매입장
② 분개장과 총계정원장
③ 현금출납장과 상품재고장
④ 매출처원장과 매입처원장

21 다음 중 전표에 대한 설명으로 옳지 않은 것은?

① 입금전표에는 해당거래의 대변 계정과목명이 기입된다.
② 출금전표에는 해당거래의 차변 계정과목명이 기입된다.
③ 대체전표에는 해당거래의 계정과목명이 모두 기입되지 않는다.
④ 대체전표에는 해당거래의 양변 계정과목명이 모두 기입된다.

ANSWER | 19.② 20.② 21.③

19 ② 기업실체이론에서는 기업을 자본주와 독립된 별개의 실체로 본다.

20 주요 장부는 분개장(또는 전표)과 총계정원장이다.

21 ③ 대체전표에는 해당 계정과목이 모두 기입되어야 한다.

22 2024년에 처음으로 회계감사를 받은 "㈜품절"은 기말상품재고에 대해 아래와 같은 오류가 발견되었다. 각각의 연도별로 "㈜품절"이 보고한 당기순이익이 아래의 표와 같을 때, 2024년의 오류 수정 후 당기순이익은? (단, 법인세 효과는 무시한다.)

연도	당기순이익	기말상품재고 오류
2022년	₩15,000	₩2,000(과소평가)
2023년	₩20,000	₩3,000(과소평가)
2024년	₩25,000	₩2,000(과대평가)

① ₩18,000
② ₩20,000
③ ₩27,000
④ ₩29,000

23 다음 전표의 내용을 분개로 나타내면?

출금전표	대체전표	
매　입 ₩200,000	매　입 ₩300,000	당좌예금 ₩300,000

① 〈차〉 매　입 500,000 〈대〉 현　금 200,000
　　　　　　　　　　　　　　당좌예금 300,000
② 〈차〉 매　입 200,000 〈대〉 지급어음 200,000
　　　지급어음 300,000 　　　당좌예금 300,000
③ 〈차〉 지급어음 300,000 〈대〉 당좌예금 300,000
④ 〈차〉 매　입 200,000 〈대〉 현　금 200,000
　　　지급어음 300,000 　　　당좌예금 300,000

ANSWER | 22.② 23.④

22 주어진 조건으로 계산하면 다음과 같다.
- 2023년 기초상품재고 과소계상수정 : ₩3,000 이익감소
- 2024년 기말상품재고 과대평가수정 : ₩2,000 이익감소
- 오류 수정 후의 당기순이익 : ₩25,000−₩3,000−₩2,000=₩20,000

23 출금전표는 상품 ₩200,000을 현금으로 매입한 것이고, 대체전표는 거래처에 발행하였던 약속어음이 만기가 되어 당좌수표를 발행하여 결제한 것이다.

24 다음 중 시산표에 대한 옳은 설명은?

① 총계정원장의 계정들과 이들의 차변 또는 대변잔고들의 일람표
② 계정들에 대해 기입되는 차변 및 대변분개들을 시간순으로 배열한 표
③ 결산 시에 이루어지는 지분관련 계정들에 대한 수정분개(조정분개)들의 일람표
④ 결산 시의 수정분개에 따라 그 잔고가 영향을 받게 되는 계정들만의 일람표

25 다음 중 시산표에서 발견할 수 있는 오류는?

① 차변과목과 대변과목을 반대로 전기한 때
② 상품계정의 차변에 전기할 것을 그 대변에 전기한 때
③ 하나의 분개를 두 번 전기한 때
④ 두 개의 오류가 우연히 상쇄된 때

26 다음 중 기말결산정리사항에 해당되지 않는 것은?

① 은행계정조정표의 작성
② 유형자산에 대한 감가상각
③ 매출채권에 대한 대손예상
④ 소유하고 있는 단기매매증권의 평가

ANSWER | 24.① 25.② 26.①

24 시산표 … 분개장으로부터 원장의 각 계정계좌에의 전기가 정확한가를 검증하기 위하여 작성하는 계정집계를 말하며 합계시산표, 잔액시산표, 합계잔액시산표가 있으나 가장 많이 사용되는 시산표는 잔액시산표이다.

25 시산표에서 발견되지 않는 오류
㉠ 어느 한 거래를 누락시키거나, 한 개의 거래를 이중으로 분개한 경우
㉡ 금액은 정확한데, 계정과목명이 잘못된 경우
㉢ 분개장에서 전기할 때 차변과 대변을 서로 반대로 전기한 경우
㉣ 오류가 대변과 차변에서 우연히 서로 상쇄한 경우

26 ① 은행계정조정표는 은행의 당좌예금잔액과 회사의 당좌예금잔액의 차이를 조정하는 표로서 결산정리사항이 아닌 필요시마다 작성이 가능하다.

27 다음 중 결산의 순서로 옳은 것은?

㉠ 수정 전 시산표를 작성한다.	㉡ 수정 후 시산표를 작성한다.
㉢ 장부를 마감한다.	㉣ 기말 수정분개를 한다.
㉤ 포괄손익계산서와 재무상태표를 작성한다.	

① ㉠→㉡→㉢→㉣→㉤
② ㉠→㉣→㉡→㉢→㉤
③ ㉠→㉡→㉣→㉤→㉢
④ ㉠→㉤→㉢→㉡→㉣

28 다음은 결산 시의 계정잔액처리에 대한 설명이다. 옳지 않은 것은?

① 모든 수익계정은 집합손익계정의 대변에 대체기입한다.
② 모든 비용계정은 집합손익계정의 차변에 대체기입한다.
③ 집합손익계정의 대차차액은 자본금(또는 미처분이익잉여금)계정에 대체기입한다.
④ 인출금계정의 잔액은 자본금계정의 대변에 대체기입한다.

29 다음 재무제표의 표시에 관한 내용으로 옳은 것을 고르면?

① 정상적 영업활동과 구분되는 거래 또는 사건에서 발생하는 것으로 그 성격 또는 미래의 지속성에 있어 차이가 나게 되는 특별손익 항목은 포괄손익계산서에 분류해 표기해야 한다.
② 재무제표 항목의 표시 및 분류방법에 있어서의 적절한 변경은 회계정책 변경에 속한다.
③ 재무상태표에 자산 및 부채는 반드시 유동성의 순서에 의해 표기하여야 한다.
④ 부적절한 회계정책이라도 공시 및 주석, 보충자료 등을 통해 설명이 잘 된다면 정당화될 수 있다.

ANSWER | 27.② 28.④ 29.②

27 ② 수정 전 시산표를 작성한다. → 기말수정분개를 한다. → 수정 후 시산표를 작성한다. → 장부를 마감한다. → 포괄손익계산사와 재무상태표를 작성한다.

28 ①②③ 결산절차에 해당한다.
④ 인출금 잔액은 자본금계정 차변에 대체기입해야 할 항목이다.

29 ① 정상적 영업활동과 구분되는 거래 또는 사건에서 발생하는 것으로 그 성격 또는 미래의 지속성에 있어 차이가 나게 되는 특별손익 항목은 포괄손익계산서, 주석 등에도 표기할 수 없다.
③ 재무제표 작성 시 유동성배열법 적용 시 모든 자산 및 부채 등은 유동성 순서에 의해 표기한다. 단, 유동성 및 비유동성을 구분해 작성할 시에는 이에 해당하지 않는다.
④ 부적절한 회계정책은 이에 대해 공시, 주석, 보충자료로 설명해도 정당화될 수 없다.

30 현금 ₩300,000을 출자하여 영업을 시작한 서원상점의 기말 재무상태는 다음과 같다. 당기에 발생한 순손익은?

• 현금 ₩120,000
• 상품 ₩110,000
• 외상매입금 ₩130,000
• 외상매출금 ₩180,000
• 비품 ₩30,000

① 당기순이익 ₩10,000
② 당기순손실 ₩10,000
③ 당기순이익 ₩100,000
④ 당기순이익 ₩110,000

31 다음 중 재무상태표에 관한 설명으로 옳지 않은 것은?

① 재무상태표를 분석하면 기업의 유동성 수준 및 재무구조의 건전성 여부를 파악할 수 있다.
② 재무상태표 작성과정에 회계담당자의 주관적 판단이 개입된다.
③ 자산과 부채 및 자본항목들은 원칙적으로 역사적 원가(취득원가)로 표시된다.
④ 기업의 미래가치에 중대한 영향을 미치는 모든 사항들이 반영되어 있다.

ANSWER | 30.① 31.④

30 당기순이익 = (기말자산 − 기말부채) − (기초자본 + 추가출자 − 자본의 환급)

기말자산 = 120,000 + 110,000 + 180,000 + 30,000 =	440,000
기말부채 =	△130,000
기초자본 =	△300,000
당기순이익	10,000

31 재무상태표에는 과거 또는 현재시점에 발생한 결과가 반영되어 있으므로 미래가치에 중대한 영향을 미치는 사항들이 반영되어 있다고 할 수 없고, 인적 자원 등 중요한 질적 정보가 표시되지 않는다.

32 다음 등식의 산식이 옳지 않은 것은?

① 재무상태표등식 : 자산 = 부채 + 자본
② 자본등식 : 자산총액 − 부채총액 = 자본총액
③ 손익계산서등식 : 비용총액 + 순이익 = 수익총액 또는 비용총액 = 수익총액 + 순손실
④ 시산표등식 : 기말자산 + 총비용 = 기말부채 + 기말자본 + 총수익

33 기업회계기준에 따라 손익계산서를 작성한 경우에 매출총이익률은?

• 매 출 액	₩300,000	• 매 입 액	₩200,000
• 매입환출	₩10,000	• 매출할인	₩30,000
• 기말재고	₩70,000	• 대손상각	₩40,000
• 매출환입	₩50,000	• 매입할인	₩20,000
• 기초재고	₩60,000		

① 15%
② 25%
③ 27%
④ 35%

ANSWER | 32.④ 33.③

32 시산표등식 … 기말자산 + 총비용 = 기말부채 + 기초자본 + 총수익
※ 당기순이익 = (기말자산 − 기말부채) − (기초자본 + 추가출자 − 자본의 환급)

33 매출총이익률 계산
㉠ (순)매출액 : 300,000(매출액) − 30,000(매출할인) − 50,000(매출환입) = 220,000
㉡ 매출원가 : 60,000 + (200,000 − 20,000 − 10,000) − 70,000 = △160,000
㉢ 매출총이익 : 60,000
㉣ 매입할인과 매입에누리와 환출은 매입의 차감적 계정이다. 매출할인은 매출의 차감적 계정이다.
㉤ 매출총이익율 $= \frac{\text{매출총이익}}{\text{매출액}} = \frac{50,000}{220,000} = 0.2727 \fallingdotseq 27\%$

34 (주)한국은 2024년 6월 1일에 원가 ₩300,000의 상품을 ₩500,000에 판매하였다. 판매대금은 2024년 6월 말부터 매월 말 ₩50,000씩 10회에 걸쳐 회수하기로 하였다. 당해 거래에서 할부매출의 명목금액과 현재가치의 차이가 중요하지 않은 경우, 2024년의 매출총이익은? (단, 당해 거래 이외의 매출거래는 없다)

① ₩140,000
② ₩200,000
③ ₩250,000
④ ₩350,000

35 다음 자료를 이용하여 계산한 매출총이익은 얼마인가?

• 당기순매입액	₩300,000
• 기말상품재고액	₩155,000
• 당기순매출액	₩640,000
• 매입할인	₩45,000
• 기초상품재고액	₩250,000
• 매출에누리	₩55,000

① ₩190,000
② ₩200,000
③ ₩245,000
④ ₩395,000

36 중간재무제표의 작성과 관련된 기업회계기준서의 설명으로 옳지 않은 것은?

① 현금흐름표는 누적중간기간을 직전 회계연도의 동일기간과 비교하는 형식으로 작성한다.
② 손익계산서는 중간기간과 누적중간기간을 직전 회계연도의 동일기간과 비교하는 형식으로 작성한다.
③ 재무상태표는 중간기간말과 직전회계연도말을 비교하는 형식으로 작성한다.
④ 자본변동표는 중간기간을 직전 회계연도의 누적중간기간과 비교하는 형식으로 작성한다.

ANSWER | 34.② 35.③ 36.④

34 할부매출의 경우 명목가치와 현재가치가 중요하지 않은 경우에 명목금액을 매출로 인식한다. 따라서 매출총익이익 : 매출액(500,000) − 매출원가(300,000) = ₩200,000

35
- 매출총이익 : 매출액(640,000) − 매출원가(395,000원) = 245,000
- 매출원가 : 기초(250,000) + 당기매입(300,000) − 기말(155,000) = 395,000

36 자본변동표는 당해 회계연도의 누적기간을 직전회계연도의 동일기간과 비교하는 형식을 작성한다.

37 재무제표의 작성 및 공시와 관련한 설명 중 옳지 않은 것은?

① 손익계산서는 보고식으로만 작성할 수 있으며, 계정식으로는 작성할 수 없다.
② 재무제표 작성회사의 규모가 큰 경우 백만 원 미만의 금액은 기재를 생략할 수 있다.
③ 회사는 제조원가명세서를 작성하여야 하나, 이를 공시할 의무는 없다.
④ 주석은 부속명세서의 일부이다.

38 재무제표의 작성 및 표시와 관련된 설명으로 옳지 않은 것은?

① 자산과 부채는 각각 유동과 비유동으로 구분해야 하고 유동성이 큰 항목부터 배열한다.
② 현금 및 현금성자산은 교환이나 부채 상환 목적으로의 사용에 대한 제한기간이 보고기간 후 12개월 이상인 경우에는 유동자산으로 분류하지 않는다.
③ 투자자산의 시장가치가 보고기간(2013년) 말과 재무제표 발행승인일 사이에 하락한 경우, 이를 반영하여 2013년 재무상태표의 투자자산 금액을 수정하지 않는다.
④ 상법 등에서 이익잉여금처분계산서의 작성을 요구하는 경우에 이익잉여금처분계산서를 주석으로 공시한다.

39 손익계산서 작성기준에 관한 설명으로 옳지 않은 것은?

① 모든 수익과 비용은 그것이 발생한 기간에 정당하게 배분되도록 처리하여야 한다.
② 수익과 비용은 그 발생원천에 따라 적당하게 분류하고, 각 수익항목과 이에 관련되는 비용항목은 대응표시를 하여야 한다.
③ 비용과 수익은 총액에 의하여 기재함을 원칙으로 하고, 수익과 비용항목을 직접 상계함으로써 그 전부 또는 일부를 손익계산서에서 제외한다.
④ 손익계산서는 매출총이익, 영업손익, 법인세비용차감전순손익과 당기순손익으로 구분표시하여야 한다.

ANSWER | 37.④ 38.① 39.③

37 ④ 주석은 재무제표의 일부로서 부속명세서가 아니다.

38 자산과 부채는 각각 유동과 비유동으로 구분하거나 유동성이 큰 항목부터 배열할 수 있다.

39 ③ 손익계산서의 작성기준으로 총액주의란 수익비용항목을 직접 상계하여 제외해서는 안 된다는 개념이다.

40 유동비율이 200%, 당좌비율이 100%인 기업이 상품 ₩1,000,000을 구입하고 대금 중 ₩500,000은 현금을 지급하고 나머지는 외상으로 하였다면 유동비율과 당좌비율에 미치는 영향은?

	유동비율	당좌비율		유동비율	당좌비율
①	증가	증가	②	증가	감소
③	감소	감소	④	불변	불변

41 재무비율의 이용에 대한 설명으로 옳지 않은 것은?

① 부채비율은 기업의 장기부채에 대한 지급능력을 평가하는데 이용한다.

② 매출총이익률을 일정하게 유지하더라도 순자산회전율을 높이면 자기자본이익률을 향상시킬 수 있다.

③ 유동비율이 1보다 작은 경우 유동자산이 줄어들더라도 동액(同額)의 유동부채가 동시에 감소하면 유동비율은 오히려 상승한다.

④ 부채비율은 경영자가 자본조달에 관한 의사결정을 할 때 유용하게 이용된다.

ANSWER | 40.③ 41.③

40 임의의 금액을 적용하여

$$유동비율 = \frac{2,000,000(유동자산)}{1,000,000(유동부채)} = 200\%$$

$$당좌비율 = \frac{1,000,000(유동자산 - 재고자산)}{1,000,000(유동부채)} = 100\%$$ 로 상정해 놓고 거래를 분석한다.

〈차〉 상　품 1,000,000　　〈대〉 현　　금 500,000
　　　　　　　　　　　　　　　매입채무 500,000

$$\rightarrow 변화된\ 유동비율 = \frac{2,000,000 - 500,000 + 500,000}{1,000,000 + 500,000} = 167\%(감소)$$

$$\rightarrow 변화된\ 당좌비율 = \frac{1,000,000 - 500,000}{1,000,000 + 500,000} = 33\%(감소)$$

41 유동자산과 유동부채 증감에 따른 유동비율 증감 변화

구분	유동자산과 유동부채가 동시에 증가하는 경우 〈차〉 유동자산 ××× 〈대〉 유동부채 ×××	유동자산과 유동부채가 동시에 감소하는 경우 〈차〉 유동부채 ××× 〈대〉 유동자산 ×××
유동비율 〉 1	유동비율 감소	유동비율 증가
유동비율 = 1	유동비율 불변	유동비율 불변
유동비율 〈 1	유동비율 증가	유동비율 감소

42 다음 중 포괄손익계산서의 작성기준이 아닌 것은?

① 발생주의
② 총액표시
③ 1년 기준
④ 구분표시

43 다음의 내용과 관계 있는 기업회계기준의 일반원칙은?

> 재무제표를 공시함에 있어 이해관계자에게 오해를 줄 여지가 없다고 인정되는 경우 천단위미만의 금액은 그 기재를 생략할 수 있다.

① 충분성의 원칙
② 계속성의 원칙
③ 안전성의 원칙
④ 중요성의 원칙

44 자본의 변동을 가져오게 하는 거래는? (단, 제시된 거래 이외의 거래는 고려하지 않음)

① 자기주식을 현금으로 구입하였다.
② 외상으로 판매한 대금이 전액 회수되었다.
③ 기계장치를 외상으로 구입하였다.
④ 미래에 제공할 용역의 대가를 미리 현금으로 받았다.

ANSWER | 42.③ 43.④ 44.①

42 포괄손익계산서 작성기준은 발생주의 원칙(수익실현의 원칙), 수익 · 비용 대응의 원칙, 총액표시의 원칙, 손익의 구분표시 원칙이 있다.
③ 1년 기준 원칙은 유동 · 비유동 구분을 1년을 기준으로 하는 것으로 재무상태표 작성원칙이다.

43 ④ 중요성의 원칙에 대한 설명으로 어떤 정보를 생략할 것인가 또는 완전히 공개할 것인가를 판단하는 기준이다.

44 ① 자기주식을 현금으로 구입하였다.(자본감소/자산감소) 자기주식을 현금으로 구입한 경우 자본은 감소한다.
② 외상으로 판매한 대금이 전액 회수되었다.(자산증가/자산감소)
③ 기계장치를 외상으로 구입하였다.(자산증가/부채증가)
④ 미래에 제공할 용역의 댓가를 미리 현금으로 받았다.(자산증가/부채증가)

45 다음 중 수탁책임의 이행여부를 평가할 수 있는 정보를 포함하게 해 주며, 회계정보의 범위를 규정해주는 기본적 회계가정은?

① 실체계속
② 화폐가치의 인정
③ 회계기간
④ 회계실체

46 형식보다는 실질적 운용우선이란 거래의 외관보다는 실질을 중시한다는 것이다. 다음 중 이에 대한 예로서 옳지 않은 것은?

① 금융리스의 경우 리스이용자는 리스자산에 대해 법률적 소유권이 없음에도 불구하고 재무상태표상에 자산으로 기재한다.
② 관계회사주식평가 시 지분법적용투자주식으로 분류한다.
③ 공사수익을 공사완성기준으로 인식한다.
④ 법률적으로는 독립적이나 경제적으로는 단일체인 지배·종속관계의 회사에 대해 연결재무제표를 작성한다.

47 다음 중 「국가회계기준에 관한 규칙」 상 자산의 인식기준으로 옳지 않은 것을 고르면?

① 현재 세대와 미래 세대를 위하여 정부가 영구히 보존하여야 할 자산으로서 역사적, 자연적, 문화적, 교육적 및 예술적으로 중요한 가치를 갖는 유산자산은 재정상태표상 자산으로 인식한다.
② 국가안보와 연관된 자산은 기획재정부장관과 협의해 자산으로 인식하지 아니할 수 있다.
③ 자산은 해당 가액을 신뢰성 있게 측정할 수 있어야 한다.
④ 자산은 공용 또는 공공용으로 사용되는 등 공공서비스를 제공할 수 있거나 직접적 또는 간접적으로 경제적 효익을 창출하거나 또는 창출에 기여할 가능성이 매우 높아야 한다.

ANSWER | 45.④ 46.③ 47.①

45 회계기록과 보고 등의 회계행위를 누구를 중심으로 이루어져야 하는가에 대한 이론을 회계주체이론이라 하고 자본주이론과 기업실체이론, 자금이론 등이 있다. 즉, 수탁책임에 관련이 되는 것으로 회계실체개념이 된다.

46 완성기준은 공사기간이 단기간이거나 현금회수가능성이 희박할 때 적용하는 방법으로 신뢰성 제고와 보수주의에 충실하나, 목적적합성과 비교가능성이 낮다. 이것은 기간손익을 적절히 반영하지 못하므로 기업의 실질을 잘 반영하지 못한다.

47 현재 세대와 미래 세대를 위하여 정부가 영구히 보존하여야 할 자산으로서 역사적, 자연적, 문화적, 교육적 및 예술적으로 중요한 가치를 지니는 자산은 자산으로 인식하지 아니하고 그 종류와 현황 등을 주석으로 공시한다.

48 다음 중 회계상 거래로 옳지 않은 것은?

① 건물을 외상으로 매입하다.
② 신규 직원을 채용하기로 했다.
③ 자금조달을 위해 은행에서 현금을 차입하다.
④ 공장 건물이 화재로 인하여 소실되다.

49 회계 상 거래로 파악될 수 있는 내용으로 옳지 않은 것은?

① (주)창업은 손실처리하였던 ₩500,000,000의 매출채권 중 ₩100,000,000을 채권추심기관을 통하여 회수하였다.
② (주)창업은 당해연도 말 은행차입금에 대한 만기를 5년 간 더 연장하는 것에 대하여 은행측 승인을 받았다.
③ (주)창업은 보관중인 자재에 대한 재고조사에서 도난으로 인해 장부상의 금액보다 ₩500,000,000에 해당되는 재고자산이 부족한 것을 확인하였다.
④ (주)창업은 제품전시회를 통하여 외국바이어와 ₩1,000,000,000의 수출판매계약과 함께 현지 대리점개설을 위한 양해각서(MOU)를 교환하였다.

50 다음 재무정보에서의 질적 특성에 관한 내용으로 가장 바르지 않은 것을 고르면?

① 재무정보에 확인가치, 예측가치 또는 이 두 가지 모두가 있게 되면 의사결정에 차이가 나도록 할 수 있다.
② 적시성은 의사결정에 영향을 끼칠 수 있도록 의사결정자가 정보를 적시에 이용가능하게 하는 것을 말한다.
③ 유용한 재무정보의 근본적인 질적 특성은 표현충실성 및 목적적합성이다.
④ 검증가능성은 정보이용자가 각 항목 간 유사점 및 차이점 등을 식별하고 이해할 수 있게 하는 질적인 특성이다.

ANSWER | 48.② 49.④ 50.④

48 ② 기업의 재산 상 증감변화를 가져오지 않았으므로 회계상의 거래에 속하지 않는다.

49 회계상 거래라 함은 기업의 자산, 부채, 자본의 증감이 있는 거래로 계약체결, 직원채용, 주문, 상품보관 등은 회계상 거래에 해당하지 않는다.

50 비교가능성은 정보이용자가 각 항목 간 유사점 및 차이점 등을 식별하고 이해할 수 있게 하는 질적인 특성이다.

51 동일한 은행의 예금에서 발생한 이자수익과 차입금에서 발생한 이자비용을 상계하여 순액으로 손익계산서에 표시하였다면 작성원칙 중 어떤 원칙을 위배한 것인가?

① 실현주의
② 발생주의
③ 총액표시의 원칙
④ 수익비용의 대응

52 다음 거래에 대한 거래요소결합관계가 바르게 표시된 것은?

상품 ₩100,000을 예입하고 그 대금은 수표를 발행하여 지급하였다.

① 자산의 증가 – 부채의 증가
② 자산의 감소 – 자본의 증가
③ 자산의 감소 – 부채의 증가
④ 자산의 증가 – 자산의 감소

53 회계 중 경영자와 같은 외부정보이용자가 의사 결정할 때 도움이 되는 회계는 무엇인가?

① 재무회계
② 세무회계
③ 관리회계
④ 회계정보시스템

ANSWER | 51.③ 52.④ 53.①

51 수익과 비용은 총액으로 표시하여야 하며, 이를 상계하여 순액으로 표시할 수 없다.

52 문제의 거래에 대한 분개는 다음과 같다.
〈차〉 상 품 ₩100,000 〈대〉 당좌예금 ₩100,000
따라서 자산의 증가와 자산의 감소가 같이 이루어지는 거래가 된다.

53 ① 재무회계는 기업의 외부 정보이용자인 투자자, 채권자, 공급자 등에게 유용한 정보를 제공하기 위한 회계이다.

54 회계에 있어서 계속성(consistency)의 기준이 요구되는 이유는?

① 회계기간의 수익과 비용을 적절히 대응하기 위한 것이다.
② 기간별 재무제표의 비교가 가능하도록 하기 위한 것이다.
③ 재무제표의 이용자에게 재무제표를 적기에 제공하기 위한 것이다.
④ 각 회계기간에 같은 정보가 공시되었는가를 확인하기 위한 것이다.

55 은행, 증권회사 등과 같은 서비스 기업은 포괄손익계산서 작성 시 다음 중 어느 이익을 구분표시하지 않아도 되는가?

① 법인세비용차감후이익
② 매출총이익
③ 영업이익
④ 법인세비용차감전이익

56 현행 기업회계기준에서 당기순이익을 계산할 때 포함되지 않는 계정과목은?

① 대손상각
② 유형자산처분이익
③ 리스영업손익
④ 주식할인발행차금상각

ANSWER | 54.② 55.② 56.④

54 회계에 있어서 계속성은 동일기업 내 기간 간 비교로서 일관성이라고도 부른다. 그러나 신축성이 없이 획일적인 회계기준을 모든 기업에 적용하도록 요구하는 것은 각 기업 간에 진실한 차이점을 공개하지 못하고 허위의 차이점을 보고하는 결과를 가져올 수 있다는 우려가 있다.

55 은행과 증권회사 같은 금융업회사는 상품의 제조판매를 통한 매출총이익이 없으므로 매출총이익을 구분표시할 필요가 없다.

56 ④ 주식할인발행차금은 자본조정항목으로 차변잔액이다. 즉, 자본에서 차감하는 형식으로 기재되고 주식할인발행차금은 주식발행연도부터 3년 이내의 기간에 매기 균등액을 상각하도록 기업회계기준에서 규정하고 있으며, 결손이 있는 경우에 한하여 차기 이후 연도에 이월하여 상각하도록 하고 있다.

57 다음 중 복식부기의 특성을 모두 고른 것은?

㉠ 거래의 복합성	㉡ 거래의 이중성
㉢ 대차평균의 원리	㉣ 비교가능성

① ㉠㉡
② ㉠㉢
③ ㉡㉢
④ ㉢㉣

58 다음은 회계공준에 대한 설명이다. 옳지 않은 것은?

① 기초가 되는 가정이다.
② 논의 이전의 타당한 명제이다.
③ 명백한 사실이다.
④ 경제적 · 사회적 환경변화에 따라 유동적이다.

59 다음 중 회계연도를 설명한 것으로 옳지 않은 것은?

① 기업의 존속기간을 인위적으로 구분한 기간이다.
② 계속기업의 가정하에 구분된 보고기간이다.
③ 투하자본의 회수 시까지의 기간이다.
④ 한 결산기말에서 다음 결산기말까지의 회계기간이다.

60 회계실체의 성격에 따라 비영리 회계와 영리회계로 구분할 수 있다. 다음 중 영리회계인 것은?

① 은행부기
② 가계부기
③ 종교부기
④ 정부부기

ANSWER | 57.③ 58.③ 59.③ 60.①

57 ㉡ 거래의 이중성 : 거래의 차변과 대변 금액이 일치하는 것
㉢ 대차평균의 원리 : 계정 전체 합계금액이 일치하는 것

58 ③ 회계공준은 가정이지 명백한 사실은 아니다.

59 회계연도 … 경영성과와 회계정보의 보고를 위하여 설정한 기간이다.

60 ① 은행부기는 영리부기이다.

61 다음이 설명하는 상업 장부는?

• 모든 거래의 분개가 분개장에서 총계장 원장에 정확하게 전기되었는가를 알아볼 수 있다. • 대차 평균의 원리를 이용하여 장부 기장의 오류를 검증하여 기업의 결산 절차를 보다 쉽게 도와준다.

① 정산표
② 시산표
③ 재무상태표
④ 재고조사표

62 다음 중 인플레이션 시 구매력손실이 발생되는 항목은?

① 재고자산
② 외상매입금
③ 외상매출금
④ 고정자산

63 다음 사항을 일반적인 회계처리순서에 따라 바르게 배열한 것은?

㉠ 역분개	㉡ 수정분개
㉢ 재무제표작성	㉣ 장부마감
㉤ 수정 후 시산표작성	㉥ 수정 전 시산표작성

① ㉡ - ㉥ - ㉣ - ㉤ - ㉢ - ㉠
② ㉡ - ㉥ - ㉤ - ㉢ - ㉣ - ㉠
③ ㉥ - ㉡ - ㉣ - ㉤ - ㉢ - ㉠
④ ㉥ - ㉡ - ㉤ - ㉣ - ㉢ - ㉠

ANSWER | 61.② 62.③ 63.④

61 ② 분개장에서 총계정원장에 전기가 올바르게 되었는가 확인하기 위하여 작성하는 계정집계표를 시산표라 한다.

62 ③ 외상매출금은 물가상승분에 해당하는 부분만큼의 구매력손실이 발생한다.

63 **회계순환과정** … 거래의 발생 → 분개 → 전기 → 수정 전 시산표작성 → 기말수정분개와전기 → 수정 후 시산표작성 → 장부마감(마감분개 및 전기) → 재무제표작성 → 역분개(기초재수정분개, 선택적)

64 다음 중 전표제도의 장점이 아닌 것은?

① 기장사무를 분담할 수 있고, 거래의 내용을 다른 부서에 쉽게 전달할 수 있다.
② 책임의 소재를 명확히 하며, 장부검사의 수단으로 이용할 수 있다.
③ 전기의 횟수를 줄일 수 있으며, 기록의 분실우려가 없다.
④ 분개장의 대용으로 장부조직을 간소화할 수 있다.

65 다음 중 각 계정의 분류가 잘못된 것은?

① 자산계정 – 현금계정, 상품계정, 건물계정 등
② 부채계정 – 매입채무계정, 미지급금계정, 차입금계정 등
③ 수익계정 – 매출액계정, 임대료계정, 이익잉여금계정 등
④ 비용계정 – 매출원가계정, 임차료계정, 이자비용계정 등

66 결산 때 정확한 경영성적을 파악하기 위한 결산정리 사항이 아닌 것을 모두 고르면?

> ㉠ 건물을 임대하고 받은 임대료 중 차기분을 계상하였다.
> ㉡ 외상으로 매입한 상품 중 흠이 있어 ₩15,000을 에누리 받았다.
> ㉢ 단기차입금에 대한 이자 ₩40,000이 지급되지 않았다.
> ㉣ 당좌차월 이자가 당점의 당좌예금 계좌에서 인출되었음을 확인하였다.
> ㉤ 소모용품의 재고 조사 결과 ₩95,000에 해당하는 미사용액이 있었다.
> ㉥ 화재보험료 선급분을 계상하였다.

① ㉠㉡
② ㉡㉣
③ ㉡㉤
④ ㉣㉥

ANSWER | 64.③ 65.③ 66.②

64 전표제도는 거래의 발생을 분개장에 기록하는 대신에 각 부서별로 분담하여 전표에 기록하고 다른 부서에 전달하며 기장의 증거자료로 보존하는 것으로 전표가 낱장으로 떨어져 있으므로 분실의 우려가 있다.

65 이익잉여금계정은 자본계정에 해당한다.

66 상품에누리나 당좌차월의 이자는 경상적인 거래로 결산정리사항이 아니다.

67 상품을 거래처에 인도하였으나 대금을 수령하지 못했더라도 매출로 인식하는 회계개념은?

① 현금주의
② 발생주의
③ 총액주의
④ 수익 · 비용 대응의 원칙

68 A사의 기초매출채권 잔액이 ₩800이며, 기말매출채권 잔액은 ₩1,200이다. 이 때 A사의 매출채권 평균회수기간이 36.5일인 경우에 당기 매출액은 얼마인가?

① ₩5,000
② ₩7,000
③ ₩10,000
④ ₩17,000

69 결산 시 잔액시산표의 차변과 대변금액이 일치하지 않았을 때 원인을 발견하기 위해 맨 먼저 해야 할 것은?

① 원장의 합계액 또는 잔액에 대한 계산을 검토한다.
② 원장에서 시산표로의 이기가 올바른지 확인한다.
③ 분개장에서 원장의 전기가 올바른지 확인한다.
④ 정산표를 검토한다.

ANSWER | 67.② 68.③ 69.③

67 현금의 수령 또는 지출과 관계 없이 수익과 비용이 발생된 사실에 근거하여 수익과 비용을 인식하는 기준을 발생주의라고 한다. 외상매출에 대해서 매출을 인식하는 것도 발생주의에 근거한 회계처리이다.

68 이를 계산하면 다음과 같이 나타낼 수 있다.
- 매출채권 평균회수기간 : 365일 ÷ 매출채권회전율 = 36.5일
- 매출채권회전율 : 10회
- 평균매출채권 : (₩800 + ₩1,200) ÷ 2 = ₩1,000
- 매출채권회전율 : 매출액 ÷ 평균매출채권 = 10회

∴ 당기매출액 : ₩10,000이 된다.

69 시산표의 차변합계와 대변합계가 달라서 대차평균의 원리가 이루어지지 않는 경우 가장 먼저 해야 하는 것이 분개장에서 총계정원장으로의 전기가 바른가를 검토해야 한다.

70 다음 중 결산예비절차에 해당하지 않는 것은?

① 기말수정분개와 전기
② 장부마감
③ 수정 전 시산표작성
④ 수정 후 시산표작성

71 다음 중 국가회계기준에 관한 규칙 상 자산과 부채의 평가에 대한 설명으로 옳지 않은 것을 고르면?

① 재고자산은 제조원가 또는 매입가액 등에 부대비용을 합한 금액을 취득원가로 한다.
② 국가회계실체 사이에 발생하는 관리전환은 무상거래일 경우 자산의 장부가액을 취득원가로 하고, 유상거래일 경우 자산의 공정가액을 취득원가로 한다.
③ 재고자산은 실물흐름 및 원가산정 방법 등에 비추어 선입선출법 이 외의 방법을 적용하는 것이 보다 합리적이라고 인정되는 경우에 개별법, 이동평균법 등을 적용하고 그 내용을 주석으로 표시한다.
④ 재고자산의 시가가 취득원가보다 낮은 경우에 시가를 재정상태표가액으로 하며, 생산과정에 투입될 원재료의 시가는 순실현가능가액을 말한다.

ANSWER | 70.② 71.④

70 결산의 절차
㉠ 결산예비절차 : 수정전 시산표 작성 → 결산수정분개와 전기 → 수정후 시산표 작성(선택적)
㉡ 결산본절차 : 장부마감(마감분개 및 전기)
㉢ 결산후절차(결산보고서작성) : 재무제표 작성

71 재고자산의 시가가 취득원가보다 낮은 경우에는 시가를 재정상태표 가액으로 한다. 이 경우 원재료 외의 재고자산의 시가는 순실현가능가액을 말하며, 생산과정에 투입될 원재료의 시가는 현재 시점에서 매입하거나 재생산하는 데 드는 현행대체원가를 말한다.

CHAPTER

02 유동자산

1 다음은 (주)한국의 재고자산과 관련된 자료이다. 선입선출법으로 평가할 경우 매출총이익은? (단, 재고자산과 관련된 감모손실이나 평가손실 등 다른 원가는 없다)

일자	구분	수량	단가
10월 1일	기초재고	10개	₩100
10월 8일	매입	30개	₩110
10월 15일	매출	25개	₩140
10월 30일	매입	15개	₩120

① ₩850 ② ₩950
③ ₩1,050 ④ ₩1,150

2 당기 중에 업무용 소모품을 100,000원에 현금으로 구입하고 소모품비 계정 차변에 기입하였으며 결산일 현재 소모품 사용액이 80,000원이다. 다음 중 소모품에 대한 결산정리 분개로 옳은 것은?

① (차) 소 모 품 80,000 (대) 소모품비 80,000
② (차) 소 모 품 20,000 (대) 소모품비 20,000
③ (차) 소모품비 80,000 (대) 소 모 품 80,000
④ (차) 소모품비 20,000 (대) 소 모 품 20,000

ANSWER | 1.① 2.②

1 매출총이익 : 매출액(3,500) − 매출원가(2,650) = ₩850
㉠ 매출액 : 25개 × ₩140 = ₩3,500
㉡ 매출원가 : 10개 × ₩100 + 15개 × ₩110 = ₩2,650

2 기중에 소모품 구입액을 비용계정으로 처리한 경우 기말에 미사용분은 자산으로 처리하고, 사용분은 계속 비용으로 처리한다.

3 당기의 회계자료가 다음과 같을 경우 기말의 매출채권계정의 잔액은 얼마인가?(단, 모든 상품은 원가의 40%를 이익으로 가산하여 외상으로 판매하는데, 모두 회수가능함)

1월 1일의 상품재고액	₩100,000
12월 31일의 상품재고액	₩200,000
당 기 상 품 총 매 입 액	₩900,000
당기외상매출금회수액	₩500,000

① ₩480,000
② ₩620,000
③ ₩833,333
④ ₩1,000,000

4 다음 중 재고자산에 대한 설명으로 옳지 않은 것은?

① 재고자산의 구입 및 제조에 장기간이 소요되는 경우에 취득과정에서 발생하는 차입금에 대한 금융비용(건설자금이자)은 취득원가에 포함할 수 있다.
② 재고자산의 원가결정방법에는 개별법, 선입선출법 등 모든 방법을 적용할 수 있다.
③ 저가법의 적용에 따른 평가손실은 저가를 초래했던 상황이 해소되어 새로운 시가가 장부가액보다 상승한 경우 최초의 장부가액을 초과하지 않는 범위 내에서 평가손실을 환입한다.
④ 재고자산의 시가가 장부가액 이하로 하락하여 발생한 평가손실은 재고자산의 차감계정으로 표시하고 매출원가에 가산한다. 재고자산의 장부상 수량과 실제 수량과의 차이에서 발생하는 감모손실의 경우 정상적으로 발생한 감모손실은 매출원가에 가산하고 비정상적으로 발생한 감모손실은 영업외비용으로 분류한다.

ANSWER | 3.② 4.②

3 ㉠ 매출원가 : 100,000(기초상품) + 900,000(매입) − 200,000(기말상품) = ₩800,000
㉡ 매출액 : 800,000 × 1.4 = ₩1,120,000
㉢ 기말외상매출금 : 0(기초) + 1,120,000(매출액) − 500,000(회수) = ₩620,000

4 재고자산의 원가결정방법은 개별법, 선입선출법, 이동평균법, 총평균법, 매출가격환원법에 의하여 결정한다.

5 재고자산과 관련된 회계처리방법으로 옳지 않은 것은?

① 실지재고조사법에서는 매입 계정을 통해 상품의 구입을 기록한다.
② 계속기록법에서는 상품의 구입과 판매가 있을 때마다 상품 계정에 기록한다.
③ 계속기록법에서는 매입에누리가 발생하면 이를 상품 계정에 차기한다.
④ 계속기록법은 상품을 판매할 때마다 매출원가를 계산하고 이를 매출원가 계정에 누적한다.

6 재고자산의 저가법 평가와 관련된 기업회계기준서의 설명으로 옳지 않은 것은?

① 판매가능한 상태에 있는 재고자산의 공정가치는 현행원가를 말하며, 제조가 필요한 재고자산의 공정가치는 순실현가능액을 말한다.
② 저가법의 적용에 따라 평가손실을 초래한 상황이 해소되어 새로운 시가가 장부가액보다 상승한 경우, 최초의 장부가액을 초과하지 않는 범위 내에서 평가손실을 환입하고 매출원가에서 차감한다.
③ 저가법에 의한 재고자산 평가는 종목별로 적용하되, 재고항목들이 서로 유사할 경우에는 조별로 적용할 수 있다.
④ 원재료의 현행대체원가가 장부가액보다 낮더라도 원재료를 투입하여 완성할 제품의 시가가 원가보다 높을 때에는 원재료에 대하여 저가법을 적용하지 아니한다.

7 A상사에서 상품 40개를 ₩20,000에 외상으로 매입하고, 매입운임 ₩12,000은 현금으로 지급하였을 때 재고자산의 취득원가로 옳은 것은?

① ₩750,000　② ₩800,000
③ ₩812,000　④ ₩900,000

ANSWER | 5.③ 6.① 7.③

5 계속기록법에서는 매입에누리가 발생하면 이를 상품 계정에 대기한다.

6 판매가능한 상태에 있는 재고자산의 공정가치는 순실현가능액을 말하며, 제조가 필요한 재고자산의 공정가치는 현행원가를 말한다.

7 취득원가 = 매입가액(40개 × 20,000) + 매입운임(12,000) = ₩812,000

8 (주)한국의 당좌예금계정 장부가액은 ₩1,500,000이다. 그러나 은행계산서의 당좌예금 잔액은 ₩4,000,000이다. 이러한 불일치의 원인이 다음과 같을 때, (주)한국의 당좌예금 계정 수정에 관한 설명으로 옳지 않은 것은?

기발행 미인출 당좌수표	₩2,600,000
부도처리 당좌수표	₩90,000
당좌차월에 대한 이자비용	₩10,000

① 기발행 미인출 당좌수표와 관련하여 당좌예금 ₩2,600,000을 증가시키는 수정이 필요하다.

② 부도처리 된 당좌수표와 관련하여 당좌예금 ₩90,000을 감소시키는 수정이 필요하다.

③ 당좌예금과 관련된 수정으로 보고이익이 ₩10,000 감소한다.

④ 당좌예금계정의 수정 후 잔액은 ₩1,400,000이다.

9 당기총제조원가가 ₩100,000, 기말제품제조액이 ₩20,000, 기초제품재고액은 없고 매출총이익이 ₩10,000이라고 할 때 당기매출액은 얼마인가?

① ₩70,000 ② ₩80,000

③ ₩90,000 ④ ₩10,000

ANSWER | 8.① 9.③

8

은행계정조정표

	회사 측 잔액	은행 측 잔액
12월 31일 수정 전 잔액	₩1,500,000	₩4,000,000
조정항목 : 가산(차감)		
① 부도처리 당좌수표	(90,000)	
② 당좌차월 이자비용	(10,000)	(2,600,000)
12월 31일 정확한 잔액	₩1,400,000	₩1,400,000

9 ㉠ 매출원가 = 0(기초제품) + 100,000(당기총제조원가) − 20,000(기말제품) = ₩80,000

㉡ 매출액 = 80,000(매출원가) + 10,000(매출총이익) = ₩90,000

10 (주)한국의 2024년도 포괄손익계산서상 당기 매출액은 ₩70,000이고, 대손상각비는 ₩15,000이다. 2024년 동안 매출채권 잔액이 ₩18,000 감소하였다면 (주)한국이 2024년 동안 고객으로부터 수취한 현금은?

① ₩55,000 ② ₩67,000
③ ₩73,000 ④ ₩88,000

11 (주)한국은 2022년 (주)서울의 주식 1,000주를 주당 ₩5,000에 구입하고 매도가능금융자산으로 분류하였다. 2022년 말 및 2023년 말 (주)서울의 주당 공정가치는 각각 ₩6,000, ₩4,000이었다. 2024년 중 (주)한국이 (주)서울의 주식 500주를 주당 ₩6,500에 처분할 때 인식할 매도가능금융자산처분이익은?

① ₩250,000 ② ₩500,000
③ ₩750,000 ④ ₩1,250,000

ANSWER | 10.③ 11.③

10

매출채권

기초	18,000	회수	x
증가	70,000	대소	15,000
		기말	0
	88,000		88,000

∴ 현금회수액 : 88,000−15,000=₩73,000

11

2022. 취득	(차) 매도가능금융자산	₩5,000,000	(대) 현금	₩5,000,000
2023. 12. 31	(차) 매도가능금융자산	₩1,000,000	(대) 매도가능금융자산 평가이익	₩1,000,000
2023. 12. 31	(차) 매도가능금융자산 평가이익	₩1,000,000	(대) 매도가능금융자산	₩2,000,000
	매도가능금융자산 평가손실	₩1,000,000		
2024. 처분	(차) 현 금	₩3,250,000	(대) 매도가능금융자산	₩2,000,000
			매도가능금융자산 평가손실	₩500,000
			매도가능금융자산 처분이익	₩750,000

12 아래의 거래 내역을 보고 거래로써 취득한 금융자산의 세부분류와 측정금액을 구하면?

> ㈜ 대한은 남한거래소에서 투자목적으로 ㈜ 북한의 주식 1주를 ₩10,000에 구입하고 수수료 ₩1,000을 지급하였다. ㈜ 대한은 당해 주식을 단기간 내 매각할 예정이다.

① 당기손익인식금융자산 ₩11,000
② 당기손익인식금융자산 ₩10,000
③ 매도가능금융자산 ₩10,000
④ 매도가능금융자산 ₩11,000

13 서원상사는 한강상사에 상품 ₩700,000을 매출하고 대금 중 ₩500,000은 한강상사가 발행한 수표로 받고 나머지 ₩200,000은 서원상사가 전월에 발행하였던 수표로 받았다. 다음 중 이에 대한 분개로 옳은 것은?

① 〈차〉 당좌예금 700,000 〈대〉 매　출 700,000
② 〈차〉 당좌예금 500,000 〈대〉 매　출 700,000
　　　받을어음 200,000
③ 〈차〉 받을어음 700,000 〈대〉 매　출 700,000
④ 〈차〉 현　　금 500,000 〈대〉 매　출 700,000
　　　당좌예금 200,000

ANSWER | 12.① 13.④

12 단기간 내 매각할 예정이므로 당기손익인식금융자산으로 분류하며, 당기손익인식금융자산은 수수료를 별도로 비용처리하기 때문에 측정금액은 ₩10,000이다.

13 ㉠ 타인(한강상사)발행수표 ₩500,000 : 현금
㉡ 자기(서원상사)발행수표 ₩200,000 : 당좌예금
㉢ 자기(서원상사)발행수표에 대해서만 보면
- 전월에 상품을 매입하고 수표 ₩200,000 발행시
  〈차〉 상　　품 200,000 〈대〉 당좌예금 200,000
- 당월에 상품 판매하고 전월에 발행한 수표 ₩200,000 회수시
  〈차〉 당좌예금 200,000 〈대〉 매　　출 200,000

14 다음 거래 중 당좌예금출납장에 기입할 수 없는 거래는?

① 당좌차월잔액이 있는 상태에서 타인발행수표를 예입하다.
② 외상매입금을 상환하기 위하여 타인발행수표를 지급하다.
③ 외상매출금을 현금으로 회수하여 당좌예입하다.
④ 상품을 매출하고 당점발행수표를 받다.

15 영호주식회사는 결산을 위하여 금고를 실사한 결과 다음과 같은 자산이 있었다. 재무상태표에 현금 및 현금성 자산으로 표시할 금액은?

• 통화	₩1,254,000
• 우표	₩8,400
• 타인발행수표	₩3,000,000
• 송금환	₩200,000
• 타인발행약속어음	₩1,000,000
• 배당금지급통지표	₩250,000
• 영호실업주식회사가 발행했던 당좌수표	₩800,000
• 직원 최아무개의 급료가불증	₩300,000
• 만기가 도래한 국채이자표	₩150,000

① ₩4,854,000
② ₩4,962,400
③ ₩5,654,000
④ ₩5,662,400

ANSWER | 14.② 15.①

14 제시된 각각의 거래를 분개로 표시하면(분개상 금액은 임의의 숫자임)
① 〈차〉 당좌차월 ₩30,000 〈대〉 현 금 ₩50,000
당좌예금 ₩20,000
② 〈차〉 매입채무 ₩50,000 〈대〉 현 금* ₩50,000
③ 〈차〉 당좌예금 ₩50,000 〈대〉 매출채권 ₩50,000
④ 〈차〉 당좌예금 ₩50,000 〈대〉 매 출 ₩50,000
* 타인발행수표는 현금에 해당한다.

15 현금 = 1,254,000(통화) + 200,000(송금환) + 3,000,000(타인발행수표) + 250,000(배당금지급통지표) + 150,000(만기가 도래한 국채이자표) = ₩4,854,000
㉠ 우표, 수입인지 : 금액이 큰 경우는 선급비용 또는 소모품으로 처리하고 금액이 작은 경우는 당기비용으로 처리한다.
㉡ 타인발행약속어음 : 받을어음계정으로 처리한다.

16 다음 중 현금 및 현금성자산에 해당하지 않은 것은?

① 통화대용증권, 당좌예금
② 정기예금, 정기적금
③ 가계수표, 보통예금
④ 우편환증서, 배당금지급통지표

17 영호산업의 경리담당자는 현금시재액이 장부잔액보다 ₩50,000 많은 것을 발견하였으나, 그 원인을 알 수 없어서 현금과부족계정을 이용하여 차이를 조정하였다. 그러나 1주일 후 현금불일치의 원인이 수입임대료의 기장누락에 있었음을 발견하였다. 현금불일치의 원인이 발견된 시점에서 필요한 분개는?

① 〈차〉 현금과부족 ₩50,000 〈대〉 현　　금 ₩50,000
② 〈차〉 현금과부족 ₩50,000 〈대〉 수입임대료 ₩50,000
③ 〈차〉 현　　금 ₩50,000 〈대〉 현금과부족 ₩50,000
④ 〈차〉 수입임대료 ₩50,000 〈대〉 현금과부족 ₩50,000

ANSWER | 16.② 17.②

16 정기예금, 정기적금 및 사용이 제한되어 있는 예금 등은 만기에 따라 단기금융상품 또는 장기금융상품으로 분류한다.

17 분개

㉠ 현금과부족발견 시
〈차〉 현　　금 ₩50,000 〈대〉 현금과부족 ₩50,000

㉡ 원인발견 시
〈차〉 현금과부족 ₩50,000 〈대〉 수입임대료 ₩50,000

※ 현금과부족이란 현금실지잔액과 장부 상 잔액 사이에 차이가 있는 경우 이 차이를 조정하는 임시계정으로, 원인발견 시 해당 계정으로 처리하고 결산시점까지 원인불발견시는 잡이익(현금실지잔액 > 장부상잔액) 또는 잡손실(현금실지잔액 < 장부상잔액)로 처리한다.

18 영호상회는 2024년 2월 발생한 부산상회에 대한 외상매출금 ₩10,000을 회수가 불가능한 것으로 판단하여 동년 6월 장부에서 대손처리하였다. 그러나 동년 11월 부산상회로부터 이를 현금으로 회수하게 되었다. 현금 회수거래에 대한 분개로 옳은 것은?

①	〈차〉 현금	₩10,000	〈대〉 상각채권추심이익	₩10,000
②	〈차〉 외상매출금	₩10,000	〈대〉 대손상각비	₩10,000
	현금	₩10,000	외상매출금	₩10,000
③	〈차〉 외상매출금	₩10,000	〈대〉 대손충당금	₩10,000
	현금	₩10,000	외상매출금	₩10,000
④	〈차〉 현금	₩10,000	〈대〉 대손충당금	₩10,000

19 장부 상 현금계정의 잔액이 ₩430,000인 상태에서 현금을 실사한 결과 실제잔액이 ₩500,000이고 차이의 원인은 밝혀지지 않았다. 이 상황을 분개로 옳게 표시하면?

①	〈차〉 현 금	70,000	〈대〉 현금과부족	70,000
②	〈차〉 현금과부족	70,000	〈대〉 현 금	70,000
③	〈차〉 현금과부족	70,000	〈대〉 잡 이 익	70,000
④	〈차〉 잡 손 실	70,000	〈대〉 현 금	70,000

ANSWER | 18.④ 19.①

18 회계처리

㉠ 당기 이전 대손처리한 채권회수

〈차〉 현금 ××× 〈대〉 대손충당금 ×××

㉡ 당기 대손처리한 채권회수

〈차〉 현금 ××× 〈대〉 대손충당금 또는 대손상각비 ×××

※ 분개

㉠ 2024년 6월

〈차〉 대손충당금 ₩10,000 〈대〉 외상매출금 ₩10,000

㉡ 2024년 12월

〈차〉 현금 ₩10,000 〈대〉 대손충당금 ₩10,000

19 장부 상 잔액을 초과하는 현금 ₩70,000을 증액하여 장부에 반영하고 원인이 밝혀질 때까지 현금과부족계정에 기록한다.

20 다음 중 현금계정으로 분류할 수 없는 항목은?

① 타인발행수표
② 우편환증서
③ 선일자수표
④ 보통예금

21 다음 중 현금 및 현금성자산으로 분류해야 하는 것은?

① 단기대여금
② 당좌개설보증금(2년 계약)
③ 종금사의 CMA(만기 2개월)
④ 수입인지

22 매출채권총액 ₩590,000이 있다. 기말 현재 거래처의 파산으로 인한 회수불능매출채권금액이 ₩35,000이다. 연령분석법을 통해 설정한 대손충당금 기말잔액은 ₩24,000이다. 이 때 매출채권의 순실현가치는 얼마인가?

① ₩531,000
② ₩555,000
③ ₩566,000
④ ₩579,000 = ₩531,000

23 ㈜ A는 20X3년 1월 1일 영업을 개시하였다. 20X3년 12월 31일 총자산과 총부채는 ₩350,000과 ₩200,000이었고 20X3년도의 총포괄이익은 ₩125,000이었다. 20X3년 중 배당금 ₩5,000을 현금 지급하였다. ㈜ A의 20X3년 1월 1일 시점의 순자산 장부금액은?

① ₩10,000
② ₩20,000
③ ₩30,000
④ ₩40,000

ANSWER | 20.③ 21.③ 22.① 23.③

20 ㉠ 통화 : 지폐, 주화
㉡ 통화대용증권 : 타인발행수표, 자기앞수표, 우편환증서, 전신환증서, 배당금지급통지표
㉢ 현금 및 현금성자산 : 당좌예금, 보통예금, 현금의 단기적 운용을 목적으로 한 유동성 높은 유가증권

21 ① 단기투자자산, ② 장기투자자산, ④ 소모품

22 외상매출금의 순실현가치 = 590,000 - 35,000 - 24,000

23 • 기말자본=₩350,000(기말자산)-₩200,000(기말부채)=₩150,000
• 기말자본(₩150,000)=기초자본+₩125,000(총포괄이익)-₩5,000(현금배당)
∴ 기초자본 = ₩30,000

24 K회사의 2024년 중 매출채권에 관한 자료는 다음과 같다. 2024년 12월 31일 현재의 재무상태표에 표시될 대손충당금잔액은 얼마인가?

- 1월 1일 기초의 대손충당금잔액은 ₩6,500이다.
- 3월 1일 ₩4,200 매출채권이 대손처리되었다.
- 5월 1일 전년도에 대손처리하였던 매출채권 ₩2,000이 회수되었다.
- 12월 31일 기말현재 매출채권잔액 ₩500,000에 대하여 ₩8,000이 대손될 것으로 추정되었다.

① ₩6,000
② ₩7,000
③ ₩8,000
④ ₩9,000

25 매출채권에 대한 대손추정방법 중 수익 · 비용대응의 관점에서 가장 적절하다고 생각되는 방법은?

① 매출액의 일정비율로 추정하는 방법
② 매출채권잔액의 일정비율로 추정하는 방법
③ 연령조사표에 의하여 추정하는 방법
④ 직접차감법에 의한 대손처리방법

ANSWER | 24.③ 25.①

24 대손처리에 대한 분개

㉠ 3월 1일 분개
〈차〉 대손충당금 ₩4,200 〈대〉 매 출 채 권 ₩4,200

㉡ 5월 1일 분개
〈차〉 현 금 ₩2,000 〈대〉 대손충당금 ₩2,000

㉢ 기말결산시 (목표)충당금 : ₩8,000

㉣ 기말 추가설정전 대손충당금잔액 : ₩4,300

㉤ 대손충당금추가설정액 : ₩3,700

∴ 총 대손충당금은 ₩8,000이다.

25 충당금설정법 중에서 매출액비율법은 수익 · 비용대응원칙에 잘 부합되는 반면 재무상태표상 매출채권이 순실현가치를 잘 반영하지 못하는 경우가 많다.

26 당기에 취득하여 기말 현재 보유 중인 단기매매증권에 관한 자료는 다음과 같다. 기말결산정리분개로 맞는 것은?

종목	취득원가	공정가액	변동액
甲사 주식	₩100	₩90	₩(10)
乙사 주식	160	200	40

① 〈차〉 단기매매증권 ₩40 〈대〉 단기매매증권평가이익 ₩40
② 〈차〉 단기매매증권평가손실 ₩10 〈대〉 단기매매증권 ₩10
③ 〈차〉 단기매매증권 ₩30 〈대〉 단기매매증권평가이익 ₩40
　　　 단기매매증권평가손실 ₩10
④ 〈차〉 단기매매증권 ₩30 〈대〉 단기매매증권평가이익 ₩30

27 서원기업(주)의 매출총이익률은 순매출액의 40%이다. 이 기업의 상품매매와 관련한 자료가 다음과 같을 때 매출총이익률법에 의해 추정되는 기말재고상품원가는?

- 총 매출액 ₩364,000
- 기초재고상품원가 ₩50,000
- 매출환입과에누리 ₩34,000
- 총 매입액 ₩256,000
- 매입할인 ₩6,000
- 매입환출과에누리 ₩8,000

① ₩79,600
② ₩92,000
③ ₩94,000
④ ₩100,000

ANSWER | 26.④ 27.③

26 취득원가와 공정가액을 비교하면 단기매매증권평가손실(−10)과 단기매매증권평가이익(40)이 발생하여 상계하여 순액으로 계상하면 다음과 같다.
〈차〉 단기매매증권 ₩30 〈대〉 단기매매증권평가이익 ₩30

27 기말재고액 = 기초재고 + 순매입액 − 매출원가
= 50,000 + (256,000 − 6,000 − 8,000) − (364,000 − 34,000) × (1 − 0.4)
= ₩94,000
㉠ 매출총이익률법에 의한 기말재고액
= 판매가능액 − 추정매출원가{매출액 × (1 − 매출총이익률)}
㉡ 매출환입과에누리는 매출의 차감적 계정
㉢ 매입할인, 매입환출과에누리는 매입의 차감적 계정

28 영호회사(주)의 2024년 중 재고자산 거래내용은 다음과 같다. 당기 중 매출원가와 기말상품재고액 및 재고자산평가손실은 각각 얼마인가?

	단위		단위 당 원가	총 원가
기초재고(1월1일)	200개		₩100	₩20,000
매입	1,000개		₩100	₩100,000
계	1,200개			₩120,000
판매수량		800개		
실지재고수량(12월31일)		300개		
감모손실 ─ 경상적		30개		
감모손실 ─ 비경상적		70개		

	매출원가	기말상품재고액	재고자산평가손실
①	₩80,000	₩33,000	₩7,000
②	₩80,000	₩37,000	₩3,000
③	₩83,000	₩30,000	₩7,000
④	₩87,000	₩40,000	₩3,000

ANSWER | 28.③

28 위의 내용을 바탕으로 계산하면 다음과 같다.

㉠ 기말재고액(실지재고액으로 계상함) : 300개 × @100 = ₩30,000

㉡ 재고자산평가손실(비경상적 감모손실) : 700개 × @100 = ₩7,000

㉢ 매출원가 : 20,000 + 100,000 − 30,000 − 7,000 = ₩83,000

※ 경상적인 감모손실은 매출원가에 포함되어 있으나, 비경상적인 감모손실은 재고자산평가손실계정(기업회계기준)으로 처리한다.

※ 회계처리

㉠ 매출원가산정 분개

〈차〉		〈대〉	
매출원가	₩20,000	상품	₩20,000
매출원가	₩100,000	매입	₩100,000
상품(기말)	₩30,000	매출원가	₩30,000

㉡ 재고자산감모손실 분개

〈차〉		〈대〉	
재고자산평가손실	₩7,000	매출원가	₩7,000

29 물가가 지속적으로 상승하고 재고자산의 수량도 꾸준히 증가하고 있는 경우, 당기의 손익계산서에 반영되는 매출원가의 크기를 바르게 비교하고 있는 것은?

① 선입선출법 < 총평균법 < 이동평균법 < 후입선출법
② 선입선출법 > 이동평균법 > 총평균법 > 후입선출법
③ 선입선출법 < 이동평균법 ≦ 총평균법 < 후입선출법
④ 선입선출법 < 이동평균법 = 총평균법 > 후입선출법

30 수익과 비용의 적정대응이란 관점에서 가장 적절하다고 판단되는 재고자산의 평가방법은?

① 이동평균법
② 총평균법
③ 선입선출법
④ 후입선출법

31 다음은 乙사의 영업활동에 의한 자료이다. 기말상품재고액은 얼마인가?

• 매출액 ₩200,000	• 당기매입액 ₩150,000
• 매출총이익률 20%	• 기말재고액은 기초재고액의 80%이다.

① ₩40,000
② ₩50,000
③ ₩60,000
④ ₩65,000

ANSWER | 29.③ 30.④ 31.②

29 재고수량이 증가(기말수량 ≧ 기초수량)하고 물가가 상승하는 경우 선입선출법, 이동평균법, 총평균법, 후입선출법의 순으로 당기순이익이 크게 표시된다. 즉 당기순이익이 크다는 말은 매출원가가 작다는 것이고 기말재고가 크다는 것이다.

30 후입선출법의 장단점
㉠ **후입선출법의 장점**: 현재수익에 현재원가가 대응하여 수익비용대응의 원칙이 적용되며, 비자발적 청산문제가 발생하지 않는 한 이익이 작아서 법인세이연효과가 있다.
㉡ **후입선출법의 단점**: 재무상태표상의 재고자산이 현재가치를 나타내지 못하고 물량흐름이 상이하며, 물가상승시 재고수량이 감소하는 경우 과대한 법인세를 부담한다(비자발적 청산, LIFO 청산).

31 200,000(매출액) × 20%(매출총이익률) = ₩40,000(매출총이익)
200,000(매출액) − 40,000(매출총이익) = ₩160,000(매출원가)
x(기초재고) + 150,000(당기매입) − $0.8x$(기말재고) = ₩160,000(매출원가)
$0.2x$ = ₩10,000
∴ x = ₩50,000

32 다음은 서원상사의 상품에 관한 자료이다. 이 자료에 대하여 재고자산감모손실과 재고자산평가손실을 별도로 계산한다면 인식해야 할 재고자산평가손실은 얼마인가?

• 기초상품재고액	₩10,000
• 당기상품매입액	₩100,000
• 장부 상 기말상품재고액	₩20,000(@200원, 100개)
• 기말상품재고실사량	95개
• 기말상품 개당 시가(순실현가능가치 기준)	₩190

① ₩950
② ₩975
③ ₩1,000
④ ₩1,950

33 서원상사의 기말상품재고자산이 다음과 같을 때 재고자산평가손실 금액으로 옳은 것은?

• 상품	200개	• 취득원가	₩1,000/개
• 추정판매가액	₩1,040/개	• 추정판매비용	₩860/개

① ₩2,000
② ₩4,000
③ ₩6,000
④ ₩8,000

ANSWER | 32.① 33.②

32 재고자산 관련 회계처리
㉠ 재고자산평가손실 : 95개 × (200 − 190)원 = ₩950
㉡ 재고자산감모손실 : (100 − 95개) × 200원 = ₩1,000
㉢ 총손실 : ₩1,950

33 ㉠ 순실현가치 : ₩1,040 − ₩860 = ₩180
㉡ 재고자산평가손실 : 200개 × (₩200 − ₩180) = ₩4,000

34 단기매매금융자산에 대한 회계처리로 옳은 것은?

① 최초 인식 시 장부가액으로 측정한다.
② 취득에 직접 관련된 거래원가는 취득원가에 가산한다.
③ 처분 시 발생하는 수수료는 당기 비용으로 처리한다.
④ 기말에 공정가치로 평가한 후 공정가치 변동분은 당기손익에 반영한다.

35 다음에서 설명하는 계정과목은?

> • 예입당시 만기가 3개월 이내인 정기예금
> • 취득당시 만기가 3개월 이내인 단기금융상품
> • 취득당시 만기가 3개월 이내에 도래하는 채권
> • 취득당시 상환일까지의 기간이 3개월 이내인 상환 우선주

① 현금　　② 투자유가증권
③ 장기성예금　　④ 단기금융상품

36 다음 중 유동자산이 아닌 것은?

① 현금　　② 매출채권
③ 연구개발비　　④ 건설회사가 건설 중인 아파트

ANSWER | 34.④ 35.① 36.③

34 ① 최초 인식 시 공정가액으로 측정한다.
② 취득에 직접 관련된 거래원가는 당기 비용으로 처리한다.
③ 처분 시 발생하는 수수료는 처분가액에서 차감한다.

35 현금 및 현금성자산 개념이다.

36 연구개발비는 무형자산으로 고정자산이다.

37 다음의 전표를 보고 차 · 대변 계정과목과 금액으로 옳은 것은?

출금전표	대체전표	
매 입 ₩300,000	매 입 ₩200,000	외상매입금 ₩200,000

① 〈차〉 매 입 ₩200,000 〈대〉 외상매입금 ₩200,000
② 〈차〉 외상매입금 ₩200,000 〈대〉 매 입 ₩500,000
현 금 ₩300,000
③ 〈차〉 매 입 ₩300,000 〈대〉 현 금 ₩300,000
④ 〈차〉 매 입 ₩500,000 〈대〉 외상매입금 ₩200,000
현 금 ₩300,000

38 물가가 지속적으로 하락하는 경우 재고자산의 평가방법이 재고자산금액과 매출원가에 미치는 효과를 설명한 것으로 옳은 것은?

① 총평균법에 의한 재고자산과 매출원가의 금액은 선입선출법에 의한 금액과 후입선출법에 의한 금액 사이에서 결정된다.
② 매출원가의 크기는 후입선출법 > 총평균법 > 선입선출법의 순이다.
③ 선입선출법에 의하면 재고자산은 상대적으로 높게 평가되고, 순이익은 상대적으로 낮게 나타난다.
④ 후입선출법에서는 재고자산과 순이익이 상대적으로 모두 낮게 평가된다.

ANSWER | 37.④ 38.①

37 제시된 문제의 경우 매입 ₩500,000이 발생하고 이 중 ₩300,000은 현금매입이므로 출금전표를 나머지 ₩200,000은 외상매입이므로 대체전표를 발행한 것이다.

38 ① 물가가 지속적으로 하락하는 경우 선입선출법, 평균법, 후입선출법 순으로 기말재고자산이 작고 매출원가는 크다.

39 다음 자료에 의하면 현금할인액(매입할인)은 얼마인가? (단, 구매자가 할인기간 내에 상품매입대금을 지급했다고 가정한다.)

> 매입액 : ₩3,000,000
> 운임 : ₩150,000
> 현금할인 조건 : 2/15, n/30
> 계약조건 : FOB선적지 인도조건
> 에누리와 반품 : ₩300,000

① ₩50,000
② ₩54,000
③ ₩57,000
④ ₩60,000

40 다음 자료를 보고 상품재고장의 인도 단가를 결정하는 방법 중 상품매출이익이 많이 계상되는 순서대로 나열한 것은?

날짜	수량	단위 당 단가	총액
9월 2일	300개	@400	₩120,000
9월 15일	400개	@450	₩180,000
9월 23일	500개	@500	₩250,000

① 후입선출법 – 이동평균법 – 총평균법 – 선입선출법
② 후입선출법 – 총평균법 – 이동평균법 – 선입선출법
③ 선입선출법 – 이동평균법 – 총평균법 – 후입선출법
④ 후입선출법 – 선입선출법 – 총평균법 – 이동평균법

ANSWER | 39.② 40.③

39 매입할인 = (₩3,000,000 − ₩300,000) × 2% = ₩54,000

40 매출원가는 순매입액에 기초상품재고액을 가산하고 기말상품재고액을 차감하여 계산하므로 기말재고액이 많으면 많을수록 매출원가는 적어지고, 매출총이익은 많아진다. 물가가 상승하는 경우 선입선출법을 적용하면 최근에 매입한 상품의 가격으로 계산되므로 기말재고액이 많이 계산된다.

41 다음 자료로 상품총매출액을 계산하면?

• 외상매출금전기이월액	₩50,000	• 외상매출금당기회수액	₩250,000
• 외상매출금기말잔액	₩80,000	• 당기외상매출액중대손발생액	₩20,000
• 당기중현금매출액	₩500,000		

① ₩760,000
② ₩770,000
③ ₩800,000
④ ₩820,000

42 대손충당금에 관한 설명이다. 옳지 않은 것은?

① 회사정리절차 · 화의절차 개시 및 당사자 간의 합의 등으로 채권자에 불리하게 변경된 경우 설정한다.
② 채권의 장부가액과 현재가치의 차이가 중요한 경우에도 대손상각비로 처리한다.
③ 대손이 확정된 채권을 회수하는 경우 대손충당금환입으로 처리한다.
④ 대손율을 추산하는 방법에는 매출액비율법, 매출채권 기말잔액비율법 등이 있다.

43 재고자산회계와 관련된 기업회계기준에 대한 설명 중 옳지 않은 것은?

① 총평균법을 사용하여 재고자산을 평가하는 경우 재무상태표가액과 시가 또는 순실현가치의 차이와 그 내용을 주석으로 공시하여야 한다.
② 위탁판매의 경우 수탁자가 판매한 날에 위탁자의 재고자산을 감소시켜야 한다.
③ 주문계약에 의해 생산된 특별주문품은 생산이 완료된 시점에 소유권이 이전되는 것으로 보아 수익으로 인식한다.
④ 지속적인 가격상승의 경우 후입선출법에 의한 재고자산의 평가는 평균법에 의한 재고자산의 평가보다 작은 당기순이익을 계상하게 된다.

ANSWER | 41.③ 42.③ 43.①

41 외상매출액은 당기회수액과 기말잔액, 대손발생액의 합계에서 전기이월액을 차감한 금액으로 ₩300,000이며, 상품총매출액은 300,000(외상매출액) + 500,000(현금매출액) = ₩800,000이다.

42 ③ 대손이 확정된 채권을 회수하는 경우 대손충당금으로 처리한다.

43 재고자산의 총평균법은 단가결정방법으로 재무상태표가액과 시가 또는 순실현가액의 차이는 주석기재사항이 아니다.

44 다음은 수정 전 잔액시산표 자료의 일부이다. 매출채권 잔액에 대하여 1%의 대손충당금을 설정할 경우 손익계산서에 계상될 대손상각비는?

차변		계정과목	대변	
잔액	합계		합계	잔액
₩300,000	₩800,000	외 상 매 출 금	₩500,000	
₩100,000	₩400,000	받 을 어 음	₩300,000	
	₩2,300	대 손 충 당 금	₩4,800	₩2,500

① ₩1,500
② ₩2,500
③ ₩3,000
④ ₩4,000

45 서원회사의 1월 한달 간의 예상상품매출액이 ₩250,000,000이나, 매출총이익률이 40%이고 월초재고액이 ₩25,000,000, 월말 목표재고액이 ₩32,000,000이라고 할 때 1월 중 예상상품매입금액은 얼마인가?

① ₩93,000,000
② ₩107,000,000
③ ₩143,000,000
④ ₩157,000,000

46 인플레이션에 기말재고자산을 선입선출법에 의하여 평가하면 후입선출법에 의하여 평가한 것보다 어떠한가?

① 당기순이익이 적어진다.
② 재고수량이 많아진다.
③ 매출이익이 커진다.
④ 재고자산가액이 커진다.

ANSWER | 44.① 45.④ 46.③

44 잔액시산표에 따라 대손상각비를 구하면 다음과 같다.

㉠ 대손추산액 : 400,000(매출채권잔액) × 1% = ₩4,000

㉡ 기말 대손상각비 : 4,000 − 2,500 = ₩1,500

45 (추정)기말재고

25,000,000(기초) + x(매입) − 250,000,000 × (1 − 0.4) = ₩32,000,000

∴ 매입(x) = ₩157,000,000

46 선입선출법은 먼저 구입한 상품을 매출한다고 가정하므로 후입선출법의 가정에 비해 낮은 원가가 매출원가로 계상되어 높은 매출이익이 계상된다. 선입선출법과 후입선출법 등은 기말재고자산의 단가결정방법이므로 ②와 관계없고 ④의 기말재고자산 = 기말재고수량 × 기말재고단가가 되므로 현재의 자료로는 알 수 없다.

47 (주)영호의 2024년 1월 1일 현재 기초재고자산은 ₩300,000이며, 2024년 중 매입액은 ₩1,500,000, 2024년 중 매출액은 ₩1,920,000이다. (주)영호는 매년 매출총이익률이 30%로 일정할 것으로 보고 있으며, 당기의 실사 기말재고자산은 ₩345,000이 있다. (주)영호가 재고자산의 횡령액을 추정하고자 할 때 횡령액의 추정원가는 얼마인가?

① ₩45,000
② ₩456,000
③ ₩576,000
④ ₩111,000

48 다음의 자료를 참고할 때 은행계정조정표 작성 전의 회사 측 장부잔액은 얼마인가?

• 은행 측 예금잔액	₩15,200	• 은행수수료	₩756
• 예금미기입액	₩1,890	• 기발행 미지급수표	₩4,950
• 부도 수표	₩525		

① ₩10,859
② ₩13,421
③ ₩16,970
④ ₩20,451

ANSWER | 47.④ 48.②

47 (추정)기말재고 = 300,000 + 1,500,000 − 1,920,000 × (1 − 0.3) = 456,000
실사기말재고 △345,000
횡령액의 추정원가 ₩111,000

48 은행계정조정표

구분	회사측	은행측
조정 전 잔액	x △756(은행수수료) △525(부도수표)	15,200 △4,950(기발행미인출수표) +1,890(은행미기입예금)
조정 후 잔액	$x - 231$	12,140

$x - 1,281 = 12,140$
$\therefore x = 13,421$

49 2024년 12월 31일 서원회사는 장부 상 잔액이 ₩5,075,000이며, 다음과 같은 조정사항이 있을 때 조정 전 은행 측 잔액은 얼마인가?

• 어음추심액(액면과 이자)	₩308,000
• 은행수수료	₩10,500
• 미기입예금	₩140,000
• 미착예금	₩100,000
• 은행기입착오(Y상회 입금액을 ABC계좌에 입금)	₩200,000
• 기발행 미인출수표	₩300,000

① ₩5,372,500　　② ₩5,383,000
③ ₩5,432,500　　④ ₩5,832,500

50 다음 계정을 설명한 것 중 옳은 것은?

현금과부족	
9/1 현금　150,000	

① 현금의 실제 잔액이 장부 상 금액보다 ₩150,000 많다.
② 현금 ₩150,000을 추가로 차입하여야 한다.
③ 현금의 실제 잔액이 장부 상 금액보다 ₩150,000 적다.
④ 현금 ₩150,000을 당좌예금하여야 한다.

ANSWER | 49.④ 50.③

49 은행계정조정표

구분	회사측	은행측
조정 전 잔액	5,075,000 +308,000(어음추심액) △10,500(은행수수료) +100,000(미착예금)	x +140,000(은행미기입예금) △200,000(은행기장오류) △300,000(기발행미인출수표)
조정 후 잔액	5,472,500	x − 360,000

$5,472,500 = x - 360,000$
$\therefore x =$ ₩5,832,500

50 이 경우는 다음의 분개를 현금과부족 계정에 전기한 것이다.
〈차〉 현금과부족 150,000　〈대〉 현금 150,000
따라서 현금의 실제 잔액이 장부 상 금액보다 ₩150,000 적으므로 장부상 현금 ₩150,000을 차감하고 그 원인이 밝혀질 때까지 현금과부족계정(임시계정)을 사용한다.

51 서원상사의 기말결산을 위한 금고실시 결과는 다음과 같다. 기말 현재 현금 및 현금등가물은?

• 통화	₩1,200,000	• 우표	₩18,000
• 거래처발행가계수표	₩2,300,000	• 송금환	₩500,000
• 거래처발행약속어음	₩1,850,000	• 배당금지급통지표	₩450,000
• Q지점전도금	₩800,000	• 보통예금	₩3,200,000
• 사용이 제한된 보통예금	₩1,800,000	• 직원의 급료가불금	₩430,000
• 지급기일이 도래한 국채이자표	₩200,000		

① ₩8,650,000 ② ₩8,700,000
③ ₩8,800,000 ④ ₩8,850,000

52 다음 자료에 의하면 매출활동으로부터의 현금유입액은 얼마인가?

• 기초매출채권잔액	₩130,000	• 당기현금매출액	₩2,100,000
• 기말매출채권잔액	₩70,000	• 당기외상매출액	₩1,800,000

① ₩2,100,000 ② ₩2,160,000
③ ₩3,960,000 ④ ₩4,030,000

ANSWER | 51.① 52.③

51 ㉠ 현금 및 현금등가물 : 1,200,000(통화) + 2,300,000(가계수표) + 500,000(송금환) + 450,000(배당금지급통지표) + 800,000(지점전도금) + 3,200,000(보통예금) + 200,000(지급기일이 도래한 국채이자표) = ₩8,650,000
㉡ 우표는 선급비용이나 소모품, 거래처발행약속어음은 매출채권, 사용이 제한된 보통예금은 단기금융상품, 직원의 급료가불금은 단기대여금에 해당한다.

52 현금매출액이나 외상매출액이나 모두 외상매출로 보고 매출채권계정에서 분석하면 된다. 즉, 현금매출액은 외상매출 후 바로 현금으로 회수한 것으로 생각하면 된다.

매출채권

차변		대변	
기초매출채권	130,000	현금회수액	?
당기현금매출액	2,100,000		
당기외상매출액	1,800,000	기말매출채권	70,000
	4,030,000		4,030,000

∴ 당기 현금유입액 = 4,030,000 − 70,000 = ₩3,960,000

53 다음 자료에 의하여 FIFO에 의한 전통적 매가환원법을 적용할 경우 기말재고자산 평가액은 얼마인가?

	원가	매가
기초재고자산	₩1,500,000	₩1,800,000
당기매입액	₩8,240,000	₩9,500,000
매 가 인 상		₩350,000
매가인상취소		₩150,000
순매가인하		₩200,000
매가인하취소		₩40,000
매출	₩9,100,000	
매출할인	₩130,000	
정상파손	₩240,000	₩280,000
비정상파손	₩250,000	₩300,000

① ₩1,266,500
② ₩1,296,300
③ ₩1,377,000
④ ₩1,487,500

54 다음 자료에 의하면 재고자산평가손실은 얼마인가?

- 장부상 기말상품재고액 ₩300,000 (@₩300, 1,000개)
- 기말상품재고실사수량 940개
- 기말상품개당시가(순실현가능가액) @₩250

① ₩45,000
② ₩47,000
③ ₩48,000
④ ₩49,000

ANSWER | 53.④ 54.②

53 선입선출법에 의한 기말재고자산 평가액을 구하면 다음과 같다.

㉠ (매가)기말재고 : 1,800,000 + 9,500,000 + (350,000 − 150,000) − 200,000 − (9,100,000 − 130,000) − 280,000 − 300,000 = ₩1,750,000

㉡ 원가율 : $\frac{8,240,000-250,000}{9,500,000+(350,000-150,000)-300,000} = 0.85$

㉢ (원가)기말재고 : 1,750,000 × 0.85 = ₩1,487,500

※ 순매가인하는 매가인하에서 매가인하취소가 고려된 금액이다.

54 재고자산평가손실(매출원가) = 940개(실제재고수량) × (@₩300 − @₩250) = ₩47,000

55 서영백화점은 매가환원법에 의한 재고자산평가를 하고 있다. 저가기준평균원가 소매재고법에 의한 매출원가는?

	원가	매가
기초재고	₩232,500	₩375,600
매입	₩755,340	₩1,072,000
매출	–	₩900,000
인상액	–	₩90,000
인하액	–	₩52,000
인상취소	–	₩67,600

① ₩345,744
② ₩348,096
③ ₩383,040
④ ₩639,774

56 다음 중 물가상승 가정 시에 가장 보수적인 회계처리의 순으로 연결된 것은?

㉠ 최종매입원가법
㉡ 후입선출법
㉢ 총평균법
㉣ 선입선출법

① ㉠㉡㉢㉣
② ㉣㉢㉡㉠
③ ㉡㉢㉣㉠
④ ㉠㉣㉢㉡

ANSWER | 55.④ 56.①

55 제시된 자료를 바탕으로 계산하면 다음과 같다.

㉠ (매가)기말재고

375,600 + 1,072,000 + (90,000 − 67,600) − 52,000 − 900,000 = ₩518,000

㉡ 원가율 : $\frac{232,500+755,340}{375,600+1,072,000+(90,000-67,600)} = 0.672$

㉢ (원가)기말재고 : 518,000 × 0.672 = ₩348,096

㉣ 매출원가 : 232,500 + 755,340 − 348,096 = ₩639,744

56 물가상승하고 기말재고수량이 기초재고수량 보다 많은 경우

기말재고자산 : 선입선출법 > 이동평균법 > 총평균법 > 후입선출법

매출원가 : 선입선출법 < 이동평균법 < 총평균법 < 후입선출법

이익 : 선입선출법 > 이동평균법 > 총평균법 > 후입선출법

57 다음 자료에 의하면 매출총이익률법에 의한 기말재고자산은?

• 매출액	₩830,000	• 매출에누리	₩24,000
• 매출할인	₩16,000	• 매입액	₩540,000
• 매입운임	₩20,000	• 매입환출	₩25,000
• 매입할인	₩15,000	• 기초재고자산	₩70,000
• 매출총이익률 40%			

① ₩70,000
② ₩84,000
③ ₩96,000
④ ₩116,000

58 ㈜낙동강의 회계처리가 다음과 같을 때 2024년의 이 회사의 매출총이익은 얼마인가?

• 2024년 1월 1일 매출채권(순액)	₩800,000	• 2024년 12월 31일 매출채권(순액)	₩1,200,000
• 매출채권 회전율	5회	• 2024년 1월 1일 재고자산	₩1,000,000
• 2024년 12월 31일 재고자산	₩2,000,000	• 재고자산 회전율	2회

① ₩1,500,000
② ₩2,000,000
③ ₩2,500,000
④ ₩3,000,000

ANSWER | 57.④ 58.②

57 ㉠ **순매출액** : 830,000(매출액) − 24,000(매출에누리) − 16,000(매출할인) = ₩790,000
㉡ **순매입액** : 40,000(매입액) + 20,000(매입운임) − 25,000(매입환출) − 15,000(매입할인) = ₩520,000
㉢ **매출원가** : 790,000(순매출액) × (1 − 0.4) = ₩474,000
㉣ **기말재고** : 70,000(기초재고) + 520,000(순매입액) − 474,000(매출원가) = ₩116,000

재고자산

기초재고	70,000	매출원가(790,000 × 0.6)	474,000
순매입액	520,000	기말재고	116,000
	590,000		590,000

58 매출채권회전율 $= \dfrac{\text{매출액}}{(800,000+1,200,000)/2} = 5$회

매출액 : ₩5,000,000

재고자산회전율 $= \dfrac{\text{매출액}}{(1,000,000+2,000,000)/2} = 2$회

매출원가 : ₩3,000,000

∴ 매출총이익 : ₩5,000,000 − 3,000,000 = ₩2,000,000

59 한강상사는 재고실사를 하지 않고 기말결산을 하였다. 재고실사결과를 추가로 반영하면 다음 사항들은 어떻게 변화하는가?

• 장부 상 기말재고수량	100개
• 실제기말재고수량	70개
• 재고자산의 취득원가	@₩100
• 재고자산의 순실현가능가액	@₩80
• 재고자산의 수량부족 중 10개는 원가성이 있음	

	매출원가	매출총이익	당기순이익	기말재고자산
①	₩4,400 증가	₩4,400 감소	₩4,400 감소	₩4,400 감소
②	₩2,400 증가	₩2,400 감소	₩4,400 감소	₩4,400 감소
③	₩2,400 증가	₩2,400 감소	₩2,400 감소	₩2,400 감소
④	₩2,400 증가	₩4,400 감소	₩4,400 감소	₩2,400 감소

ANSWER | 59.②

59 ㉠ 재고자산평가손실 : 매출원가에 가산

㉡ 재고자산감모손실

• 원가성이 있는 부분 : 매출원가에 가산

• 나머지(원가성이 없는 부분) : 영업 외 비용

㉢ 재고자산 평가대상은 실제 존재하는 수량을 기준으로 하여야 하며, 재고자산 감모손실은 부족한 수량에 취득원가를 적용하여야 한다.

장부상 수량	감모손실	
실제수량	기말재고자산평가액	평가손실
	순실현가능가액	취득원가

㉣ 재고자산감모손실

• 매출원가 : 10개 × @₩100 = 1,000

• 영업외비용 : 20개 × @₩100 = 2,000

〈차〉 매출원가 1,000 〈대〉 재고자산 3,000
재고자산감모손실 2,000
(영업외비용)

㉤ 재고자산평가손실 : 70개 × (₩100 − ₩80) = 1,400

〈차〉 재고자산평가손실 1,400 〈대〉 재고자산평가충당금 1,400
(매출원가)

CHAPTER 03 비유동자산

1 유형자산에 해당되는 것은?

① 주택시장의 침체로 인하여 건설회사가 소유하고 있는 미분양 상태의 아파트
② 남해안에서 양식 중인 5년 된 양식장의 참치
③ 해양 천연가스를 발굴하기 위하여 설치한 대형 해양탐사 구조물
④ 시세가 상승할 것으로 예측하여 취득하였으나 아직 사용목적을 결정하지 못한 대도시 외곽의 토지

2 유형자산의 취득원가에 관한 설명 중 기업회계기준과 일치하지 않는 것은?

① 교환, 증여, 기타 무상으로 취득한 자산의 가액은 공정가액을 취득원가로 한다.
② 현물출자로 취득한 자산의 가액은 출자에 따라 교부한 주식의 액면가액으로 한다.
③ 장기할부로 매입한 유형자산의 취득원가는 할부금 총액에서 이자상당액을 차감한 가액으로 한다.
④ 유형자산의 취득과 관련하여 국·공채 등을 불가피하게 매입하는 경우 매입가액과 국·공채 등의 현재 가치와의 차이는 유형자산의 취득부대비용성격이므로 유형자산의 취득원가에 가산한다.

ANSWER | 1.③ 2.②

1 유형자산이라 함의 기업의 영업활동에 사용할 목적으로 구입한 자산을 말한다. 따라서 ③ 유형자산에 해당하고, ① 재고자산, ② 생물자산, ④ 투자부동산에 해당한다.

2 현물출자로 취득한 자산 가액은 공정가액을 취득원가로 한다.

※ 현물출자한 경우의 공정가액의 의미

㉠ 발행한 주식이 상장(등록)되어 있어서 시장가치가 형성되어 있는 경우에는 발행한 주식의 시가(즉, 주식의 발행가액)
㉡ 주식의 시가를 측정하기 곤란한 경우에는 취득한 자산의 공정가액
㉢ 발행한 주식의 시가나 취득한 자산의 공정가액을 모두 측정할 수 없는 경우에는 감정가액 등을 기초로 결정한 가액

3 무형자산에 관한 설명으로 옳지 않은 것은?

① 무형자산은 무형자산의 정의를 충족하고 해당 자산으로부터 발생하는 미래 경제적 효익이 기업에 유입된 가능성이 매우 높으며, 자산의 취득원가를 신뢰성 있게 측정할 수 있을 때 인식한다.
② 프로젝트의 연구단계에서 발생한 지출은 발생한 기간의 비용으로 인식한다.
③ 내부적으로 창출된 브랜드, 고객목록 및 이와 유사한 항목에 대한 지출은 무형자산으로 인식하지 않는다.
④ 무형자산은 당해 자산을 취득한 시점부터 합리적인 기간 동안 상각하여야 한다.

4 다음 중 무형자산에 해당되지 않는 것은?

① 창업비
② 영업권
③ 소프트웨어
④ 개발비

5 유형자산 취득원가를 인식할 때 경영진이 의도하는 방식으로 자산을 가동하기 위해 필요한 장소와 상태에 이르게 하는 데 직접적으로 관련되는 원가의 예로 옳지 않은 것은?

① 설치장소 준비 원가
② 최초의 운송 및 취급 관련 원가
③ 새로운 시설을 개설하는 데 소요되는 원가
④ 전문가에게 지급하는 수수료

ANSWER | 3.④ 4.① 5.③

3 ④ 무형자산은 당해 자산을 사용 가능한 시점부터 합리적인 기간 동안 상각하여야 한다.

4 ① 창업비는 비용에 해당한다.

5 ③ 새로운 시설을 개설하는 소요되는 원가는 유형자산의 취득원가 직접 관련되는 원가에서 제외되는 항목이다.

6 (주)한국은 공장을 신축하기 위해 토지를 구입하였는데 이 토지에는 사용 불가능한 창고 건물이 있었다. 다음 자료를 기초로 계산한 토지의 취득원가는?

토지의 구입가격	₩500,000
토지 구입을 위한 중개인 수수료	₩20,000
토지 취득세 및 등기비	₩30,000
창고건물 철거비용	₩50,000
창고건물 철거 시 발생한 폐기물 처분가액	₩10,000
영구적으로 사용가능한 하수도 공사비	₩10,000
토지정지비용	₩20,000

① ₩610,000
② ₩620,000
③ ₩630,000
④ ₩640,000

7 (주)대한은 보유 중인 유형자산을 (주)민국의 유형자산과 교환하였다. 교환일에 (주)대한이 보유하고 있는 유형자산의 장부금액은 ₩600,000(취득원가 ₩800,000, 감가상각누계액 ₩200,000)이고, 공정가치는 ₩650,000이다. (주)대한은 (주)민국에게 현금 ₩100,000을 추가로 지급하였으며, 동 교환거래는 상업적 실질이 있다. (주)대한이 교환으로 취득한 유형자산의 취득원가는?

① ₩600,000
② ₩650,000
③ ₩700,000
④ ₩750,000

ANSWER | 6.② 7.④

6 ② 기존 건물 철거 시 발생하는 폐기물 처분가액은 차감하며, 공사비 등의 내용연수가 영구적인 경우 토지원가에 가산한다.

7 상업적 실질이 있는 경우의 취득원가는 제공한 자산의 공정가액으로 한다. 따라서 유형자산의 취득원가는 (주)대한 유형자산의 공정가치(650,000)+현금지급액(100,000)=₩750,000이다.

8 다음 자료로 자산의 취득원가를 구하면?

> • 내용연수는 5년이다. 동 자산은 2022년 초에 구입하였다.
> • 잔존가액은 ₩100,000이다.
> • 감가상각방법은 연수합계법이다.
> • 2024년도 감가상각비가 ₩200,000이다.

① ₩1,000,000
② ₩1,100,000
③ ₩1,200,000
④ ₩1,300,000

9 유형자산의 취득원가에 포함되지 않는 지출은?

① 파손된 유리나 기와의 대체
② 엘리베이터 또는 냉 · 난방장치의 설치
③ 빌딩 등에 있어서 피난시설의 설치
④ 재해 등으로 인하여 건물 · 기계 · 설비 등이 멸실 또는 훼손되어 당해 자산의 본래 용도에 이용가치가 없는 것의 복구

ANSWER | 8.② 9.①

8 $\text{감가상각비} = (\text{취득원가} - \text{잔존가액}) \times \frac{\text{잔여내용연수}}{\text{내용연수의합계}}$

$200,000 = (X - 100,000) \times 3 \div 15$

$\therefore X =$ ₩1,100,000

9 ① 수익적 지출

10 (주)한국은 2022년 7월 1일에 기계설비(내용연수 5년, 잔존가치 ₩2,000)를 ₩20,000에 취득하면서, '산업시설 및 기계 등의 설치 및 구입'으로 사용목적이 제한된 상환의무가 없는 정부보조금 ₩7,000을 받았다. 2024년 12월 31일 당해 기계설비의 장부금액(순액)은? (단, (주)한국은 당해 기계설비에 대하여 정액법을 사용하여 월할 기준으로 감가상각하며, 정부보조금은 관련된 유형자산의 차감계정으로 표시하는 회계정책을 적용하고 있다)

① ₩7,500
② ₩8,600
③ ₩11,000
④ ₩13,000

11 (주)한국은 2022년 1월 1일에 기계장치(내용연수는 5년, 잔존가치는 없음)를 ₩100,000에 취득하였다. (주)한국은 당해 기계장치에 대하여 원가모형을 적용하고 있으며, 감가상각방법으로 정액법을 사용한다. 2022년 말 동 기계장치의 회수가능액이 ₩40,000으로 하락하여 손상차손을 인식하였다. 그러나 2023년 말 동 기계장치의 회수가능액이 ₩70,000으로 회복되었다. 2023년 말에 인식할 손상차손환입액은?

① ₩20,000
② ₩30,000
③ ₩40,000
④ ₩50,000

12 유형자산 중 감가상각자산을 취득한 연도의 감가상각비를 비교한 것이다. 옳은 것은?

① 정액법 < 정률법
② 정액법 > 정률법
③ 정액법 = 정률법
④ 알 수 없다.

ANSWER | 10.① 11.② 12.①

10 ㉠ 취득 시 장부가액 : 20,000 – 정부보조금(7,000) = ₩13,000
㉡ 감가상각비(2022~2024) : (13,000 – 2,000) × 30개월/60개월 = ₩5,500
㉢ 장부금액(순액) : 13,000 – 5,500 = ₩7,500

11 ㉠ 2023년 감가상각비 : 40,000 × 1/4 = ₩10,000
㉡ 손상차손환입: Min[①, ②] = ₩60,000
① 손상차손 미 발생시 장부가액 : ₩60,000
② 회수가능액 : ₩70,000
㉢ 환입액 : 환입한도(60,000) – 환입 전 장부금액(30,000) = ₩30,000

12 ① 정률법에 의할 경우 내용연수 초기에 더 많은 감가상각비를 인식한다.

13 (주)한국은 2023년 1월 1일 기계(내용연수 5년, 잔존가치 ₩100,000)를 ₩600,000에 취득하였다. (주)한국은 당해 기계에 대하여 원가모형을 적용하고 있으며, 감가상각방법으로 정액법을 사용한다. (주)한국은 2024년에 정당한 사유에 의하여 감가상각방법을 연수합계법으로 변경하였고, 잔존가치는 없는 것으로 재추정하였다. 당해 기계에 대하여 (주)한국이 2024년 12월 31일에 인식할 감가상각비는?

① ₩100,000
② ₩125,000
③ ₩200,000
④ ₩250,000

14 유전, 탄광 등 천연자원의 채굴산업에 가장 적절한 감가상각방법은?

① 정률법
② 이중체감법
③ 생산량비례법
④ 균등액상각법

15 기계장치를 ₩200,000에 구입하였다. 추정내용연수는 5년이고 잔존가치가 0일 때 정률법에 의해 상각하는 경우 2차년도의 감가상각비는 얼마인가?(단, 상각률은 0.451이다)

① ₩40,000
② ₩47,519
③ ₩49,519
④ ₩90,200

ANSWER | 13.③ 14.③ 15.③

13 ㉠ 2023년 감가상각비 : (600,000−100,000) × 1/5 = ₩100,000
㉡ 2024년 1월 1일 장부가액 : 600,000−100,000 = ₩500,000
㉢ 2024년 감가상각비 : 500,000 × 4/10 = ₩200,000

14 생산량비례법 … 생산 또는 채굴량에 비례하여 가치가 소멸하는 유형자산에 적용하는 방법으로 산림, 유전, 광산과 같은 천연자원의 감가상각비를 계산하는데 유용한 방법이다.

※ 매기 상각액 = (취득원가 − 잔존가치) × $\frac{\text{당기생산량}}{\text{총생산가능량}}$

15 ③ 1차년도 : 200,000 × 0.451 = ₩90,200
2차년도 : (200,000 − 90,200) × 0.451 = ₩49,519

16 A회사와 B회사는 추정내용연수가 5년인 동종의 유형자산을 구입하였다(잔존가치는 없다고 함). 감가상각법으로 A회사는 정액법, B회사는 연수합계법을 사용하였다. 다른 조건이 동일하다고 가정할 때 옳은 설명은?

① 1차연도의 A회사 감가상각비가 B회사보다 크다.
② 3차연도의 A회사 순이익은 B회사보다 적다.
③ 4차연도의 A회사 순이익은 B회사보다 적다.
④ 3년 후 자산을 매각할 경우 A회사는 B회사보다 높은 이익을 보고할 가능성이 크다.

17 다음은 최근 구입한 기계장치에 대한 자료이다. 기계장치를 정률법(연 30%)으로 감가상각할 때 2024년도의 감가상각비는?

• 취득시기 : 2023년 1월 2일	• 취득원가 : ₩100,000
• 내용연수 : 5년	• 잔존가치 : ₩17,000

① ₩16,600
② ₩21,000
③ ₩22,530
④ ₩24,900

ANSWER | 16.③ 17.②

16 자산의 취득원가(x)
㉠ 정액법에 의한 감가상각비 산정
매기 감가상각비 : $(x - 0) \div 5 = 0.2x$
㉡ 연수합계법에 의한 감가상각비 산정
• 1차연도의 감가상각비 : $(x - 0) \times 5/15 = 0.334x$
• 2차연도의 감가상각비 : $(x - 0) \times 4/15 = 0.267x$
• 3차연도의 감가상각비 : $(x - 0) \times 3/15 = 0.2x$
• 4차연도의 감가상각비 : $(x - 0) \times 2/15 = 0.134x$
• 5차연도의 감가상각비 : $(x - 0) \times 1/15 = 0.067x$
초기의 감가상각비는 연수합계법에 의한 경우가 많고 4차연도부터 연수합계법에 의한 감가상각비가 적다. 따라서 연수합계법에 의할 경우 4차연도의 감가상각비가 작아서 당기순이익이 크게 잡힌

17 (취득원가 − 상각액누계) × 일정률 = 당해연도 감가상각비
㉠ 2023년 감가상각비 : 100,000 × 0.3 = ₩30,000
㉡ 2024년 감가상각비 : (100,000 − 30,000) × 0.3 = ₩21,000

18 서원상사는 처분일 현재 취득원가 ₩4,000,000, 감가상각누계액이 ₩2,200,000인 승용차를 ₩3,000,000에 거래처인 지식상사에 매각하고 대금은 현금으로 수취하였다. 이 거래로 인하여 당기에 포괄손익계산서에 표시될 유형자산처분손익은 얼마인가?

① 유형자산처분이익 ₩1,300,000
② 유형자산처분손실 ₩1,300,000
③ 유형자산처분손실 ₩1,200,000
④ 유형자산처분이익 ₩1,200,000

19 영호기업사는 2015년 5월 1일 새 기계를 ₩25,000에 구입하였는데, 내용연수는 10년, 잔존가액은 ₩1,000으로 추정되었다. 매월 정액법에 따라 감가상각했는데, 2024년 5월 1일 기계를 ₩800에 처분했다면 이 기계의 처분손실은?

① ₩2,000
② ₩2,600
③ ₩3,000
④ ₩23,200

20 ㈜T는 20×1년 3월 7일 자기주식 50주를 매입하고 20×1년 7월 7일 이 중 100주를 소각하다. 그리고 20×1년 8월 31일 자기주식 200주를 ㈜Z에 매도하였다. ㈜T의 20×1년 자기주식거래가 ㈜T의 유통주식 수에 미치는 영향은?

① 100주 감소
② 200주 감소
③ 300주 감소
④ 400주 감소

ANSWER | 18.④ 19.② 20.③

18 ④ 이 거래를 분개하면 다음과 같다.

(차)	감가상각누계액	2,200,000	(대) 차량운반구	4,000,000
	현금	3,000,000	유형자산처분이익	1,200,000

19 내용연수를 月로 계산하면 120이 된다. 2024년 5월 1일의 감가상각누계액은 다음과 같다.

㉠ **감가상각누계액** : (25,000 − 1,000) × 108/120 = ₩21,600

㉡ **장부가액** : 25,000 − 21,600 = ₩3,400

처분가액이 ₩800이면 유형자산처분손실이 ₩2,600이 계상된다.

〈차〉	현금	₩800	〈대〉 기계	₩25,000
	감가상각누계액	₩21,600		
	유형자산처분손실	₩2,600		

20 자기주식의 소각은 유통주식 수에 영향을 초래하지 않으며, 자기주식의 취득은 유통주식 수를 감소시키며, 자기주식의 매도는 유통주식 수를 증가시킨다. (500주 감소-200주 증가=300주 감소)

21 B기업은 2021년 7월 1일에 ₩4,000,000에 취득한 기계장치를 2023년 6월 1일 ₩1,500,000에 처분하였다. 정률법으로 상각할 때 처분손익은? (내용연수는 5년, 잔존가액은 장부가의 10%, 상각률은 36.9%)

① 손실 ₩170,257
② 이익 ₩201,199
③ 이익 ₩373,034
④ 손실 ₩558,322

22 (주)한국은 2021년 1월 1일에 추정내용연수가 8년이고 잔존가치는 ₩800,000인 절삭기계를 구입하였다. 연수합계법에 따라 2024년 12월 31일에 계상한 감가상각비는 ₩1,000,000이었다. 이 기계의 취득원가는?

① ₩7,200,000
② ₩8,000,000
③ ₩9,800,000
④ ₩9,000,000

23 (주)한국은 20X1년 7월 1일에 건물이 정착되어 있는 토지를 ₩900,000에 취득하였다. 취득과정에서 발생한 수수료는 ₩100,000이었으며, 취득한 건물의 추정내용연수는 10년이다. 취득시점에서 토지 및 건물의 공정가치는 각각 ₩300,000과 ₩900,000이다. 건물의 잔존가치는 ₩50,000으로 추정하였으며, 감가상각방법은 정액법을 사용하고, 기중 취득자산의 감가상각비를 월할 계산한다. 해당건물의 20X1년도 감가상각비는 얼마인가?

① ₩31,875
② ₩35,000
③ ₩42,500
④ ₩63,750

ANSWER | 21.① 22.② 23.②

21 감가상각비계산

㉠ 1차연도의 감가상각비 : 4,000,000 × 0.369 = ₩1,476,000

㉡ 2차연도의 감가상각비 : (4,000,000 − 1,476,000) × 0.369 × 11/12 = ₩853,743

장부가액 : 4,000,000 − 1,476,000 − 853,743 = ₩1,670,257

처분가액 : ₩1,500,000

처분손실 : ₩170,257

〈차〉 현금	₩1,500,000	〈대〉 기계	₩4,000,000
감가상각누계액	₩2,329,743		
유형자산처분손실	₩170,257		

22 2024년 감가상각비 = (A − 800,000) × 5/36 = ₩1,000,000

∴ A = ₩8,000,000

23 ㉠ 건물의 취득원가 : 1,000,000 × 900,000/1,200,000 = ₩750,000

㉡ 감가상각비 : (750,000−50,000) × 1/10 × 6/12 = ₩35,000

24 D회사는 공장에 설치한 기계장치를 구입하여 설치하는 데 다음의 비용이 소요되었다. 이 기계장치의 취득원가는 얼마인가?

• 구입가격　₩2,000,000	• 설치비용　₩15,000
• 구입수수료　₩10,000	• 운반비　₩20,000
• 시운전비　₩20,000	• 특별소비세 ₩10,000

① ₩2,045,000
② ₩2,050,000
③ ₩2,065,000
④ ₩2,075,000

25 '건물 ₩30,000,000, 건물감가상각누계액 ₩3,000,000'의 자료는 1년을 1회계 기간으로 하고 있는 甲상점의 제3기 결산을 맞은 때 결산정리 전 계정잔액이다. 감가상각방법이 정액법일 때의 정리분개로 옳은 것은?

① 〈차〉 감가상각비 ₩3,000,000　〈대〉 건물감가상각누계액 ₩3,000,000
② 〈차〉 감가상각비 ₩3,000,000　〈대〉 건물　₩3,000,000
③ 〈차〉 감가상각비 ₩1,500,000　〈대〉 건물감가상각누계액 ₩1,500,000
④ 〈차〉 감가상각비 ₩1,500,000　〈대〉 건물　₩1,500,000

ANSWER | 24.④ 25.③

24 유형고정자산의 취득원가는 그 자산을 취득하여 자산이 목적하는 상태까지 이르는 데 소요된 모든 비용을 포함한다.
2,000,000 + 15,000 + 10,000 + 20,000 + 20,000 + 10,000 = ₩2,075,000

25 감가상각 관련 회계처리
㉠ 제3기 결산 전의 감가상각누계액 : ₩3,000,000
㉡ 제1기와 제2기의 감가상각비 : 3,000,000/2 = ₩1,500,000
㉢ 제3기의 감가상각비계상 분개
〈차〉 감가상각비 ₩1,500,000　〈대〉 감가상각누계액 ₩1,500,000

26 ㈜마포는 ㈜동교와 동종의 인쇄기계를 상호 교환하여 사용하기로 하였다. 인쇄기계에 관한 두 회사의 관련 자료가 다음과 같은 경우 ㈜마포가 하여야 할 분개로 옳은 것은?

	㈜마포의 인쇄기계	㈜동교의 인쇄기계
• 취득원가	₩20,000,000	₩30,000,000
• 감가상각누계액	₩8,000,000	₩15,000,000
• 공정가액	₩16,000,000	₩19,000,000

① 〈차〉 기계장치(신) ₩12,000,000 〈대〉 기계장치(구) ₩20,000,000
감가상각누계액 ₩8,000,000

② 〈차〉 기계장치(신) ₩15,000,000 〈대〉 기계장치(구) ₩20,000,000
감가상각누계액 ₩8,000,000 유형자산처분이익 ₩3,000,000

③ 〈차〉 기계장치(신) ₩19,000,000 〈대〉 기계장치(구) ₩20,000,000
감가상각누계액 ₩1,000,000

④ 〈차〉 기계장치(신) ₩19,000,000 〈대〉 기계장치(구) ₩20,000,000
감가상각누계액 ₩8,000,000 유형자산처분이익 ₩7,000,000

27 기업이 업무전산화를 위해서 소프트웨어를 개발할 경우 발생한 비용을 개발비(development costs)로 처리하려고 한다면 어떤 요건을 최우선으로 만족해야 하는가?

① 소프트웨어 개발비용이 거액이어야 한다.
② 신제품, 신기술의 개발과 관련이 있어야 한다.
③ 개발한 소프트웨어가 장기적으로 효익을 가져와야 한다.
④ 관련 개발비용의 회수를 합리적으로 예측할 수 있어야 한다.

ANSWER | 26.① 27.②

26 동종자산과의 교환 시에는 구자산의 기능을 신자산이 계속하여 수행하기 때문에 교환에 따른 손익을 인식하지 않고 구자산의 장부가액을 신자산의 취득원가로 계상한다.

27 개발비로서 무형자산에 계상되기 위해서는 신제품, 신기술 등의 개발과 관련하여 발생한 비용(소프트웨어 개발과 관련된 비용을 포함)으로서 개별적으로 식별가능하고 미래의 경제적 효익을 확실하게 기대할 수 있는 것으로 한다.

28 화재로 인하여 건물 ₩50,000,000과 상품원가 ₩4,000,000이 소실되어 보험회사에 보험금을 청구하다. 단, 이 건물의 장부상 감가상각누계액은 ₩10,000,000이고 또한 건물과 상품에 대하여 ₩40,000,000의 보험계약이 체결되어 있다. 옳은 분개는?

①	〈차〉 감가상각누계액	₩10,000,000	〈대〉 건물	₩50,000,000
	화재손실	₩44,000,000	매입	₩4,000,000
②	〈차〉 감가상각누계액	₩10,000,000	〈대〉 건물	₩50,000,000
	미결산	₩44,000,000	매입	₩400,000
③	〈차〉 화재손실	₩54,000,000	〈대〉 건물	₩50,000,000
	매입	₩4,000,000		
④	〈차〉 미결산	₩54,000,000	〈대〉 건물	₩50,000,000
	매입	₩4,000,000		

29 매도가능금융자산과 만기보유금융자산의 분류변경에 대한 회계처리의 설명으로 옳지 않은 것은?

① 분류변경일 현재의 공정가액으로 평가한 후 변경한다.

② 만기보유금융자산에서 매도가능금융자산으로 분류변경하는 경우 발생하는 차이금액은 자본조정항목으로 처리한다.

③ 매도가능금융자산에서 만기보유금융자산으로 분류변경하는 평가차액은 평가시점까지 자본조정항목으로 처리하고 그 금액은 만기까지 잔여기간에 걸쳐 유효이자율법을 적용하여 상각하고 각 기간의 이자수익에 가감한다.

④ 매도가능금융자산에서 만기보유금융자산으로 분류변경할 수 없다.

ANSWER | 28.② 29.④

28 비자발적 처분은 화재 등 사고발생시의 회계처리 시 소멸된 유형자산의 장부가액을 제거하고, 보험금을 지급받은 경우에 보험금과 비교하여 차액만큼 손실 또는 이익을 인식한다.

㉠ 화재발생 시

〈차〉 감가상각누계액	×××	〈대〉 유형자산	×××
미결산	×××		

㉡ 보험금 통지 시

• 보험금 > 장부가액

〈차〉 현금	×××	〈대〉 미결산	×××
		보험차익(특별이익)	×××

• 보험금 < 장부가액

〈차〉 현금	×××	〈대〉 미결산	×××
재해손실(특별손실)	×××		

29 ④ 상호분류 변경할 수 있다.

30 영호상회는 서원실업이 발행한 액면가액 ₩1,000,000의 사채(이자율 : 연 12%, 이자지급일 : 매년 3월 1일, 9월 1일, 만기 3년)를 6월 1일 현금 ₩1,030,000에 장기투자목적으로 매입하였다. 사채매입시의 분개는?

① 〈차〉 만기보유금융자산 ₩1,000,000 　〈대〉 유가증권 ₩1,000,000
　　　 미수이자 ₩30,000 　　　 수입이자 ₩30,000

② 〈차〉 만기보유금융자산 ₩1,000,000 　〈대〉 현금 ₩1,030,000
　　　 미수이자 ₩30,000

③ 〈차〉 만기보유금융자산 ₩1,030,000 　〈대〉 현금 ₩1,030,000

④ 〈차〉 만기보유금융자산 ₩1,030,000 　〈대〉 현금 ₩1,030,000

31 Y주식회사와 점포 1개를 1년 간 임차계약을 맺고 이에 따른 보증금으로 ₩60,000,000과 월세 1개월분 ₩500,000을 수표를 발행하여 지급하였다. 옳은 분개는?

① 〈차〉 임차보증금 ₩60,000,000 　〈대〉 현금 ₩59,500,000
　　　　　　　　　　　　　　　　　 임대료 ₩500,000

② 〈차〉 임차보증금 ₩60,000,000 　〈대〉 당좌예금 ₩60,500,000
　　　 임대료 ₩500,000

③ 〈차〉 임차료 ₩500,000 　〈대〉 현금 ₩500,000

④ 〈차〉 임차보증금 ₩60,000,000 　〈대〉 당좌예금 ₩60,500,000
　　　 임차료 ₩500,000

32 다음 중 회계처리 시 투자자산으로 분류할 수 없는 계정과목은?

① 3년 만기 정기예금으로 현금 ₩5,000,000을 예입하다.
② 거래처에 현금 ₩3,000,000을 대여하다.
③ 장기간 보유할 목적으로 (주)서원의 주식 200주를 @6,000에 취득하다.
④ 영업용으로 사용하기 위하여 컴퓨터 1대를 ₩1,000,000에 현금으로 구입하다.

ANSWER | 30.② 31.④ 32.④

30 사채매입으로 발행일부터 취득일까지의 기간 동안 이자금액 1,000,000 × 0.06 × 3/6 = ₩30,000을 미수이자계정으로 계상하여야 한다.

31 ④ 임차보증금은 투자자산으로 분류한다.

32 ④ 비품으로 유형자산이다.

33 매도가능금융자산에 대한 기업회계기준의 내용이다. 옳지 않은 것은?

① 채무증권은 취득가액과 액면가액에 다른 경우에는 유효이자율법을 먼저 적용한 후 공정가액으로 평가하여야 한다.

② 채무증권의 유효이자율법을 적용한 장부가액(상각후취득원가)과 공정가액과의 차액은 매도가능증권평가손익과목으로 하여 자본조정으로 처리하여야 한다.

③ 매도가능금융자산평가손익의 누적액은 당해 유가증권을 처분하거나 감액손실을 인식하는 시점에 일괄하여 당기손익에 반영한다.

④ 감액손실을 인식한 기간 후에 공정가액이 상승하면 자본조정항목으로 처리한다.

34 다음 거래를 분개한 것으로 옳은 것은?

> A회사가 발행한 사채 1,000좌를 좌당 @₩10,000에 단기보유목적으로 구입하고 대금은 마포은행앞수표를 발행하여 지급하고 수수료 ₩300,000은 현금으로 지급하다. 단, 마포은행과는 당좌차월계약을 맺고 있으며 당좌예금잔액은 ₩7,500,000이다.

	〈차〉		〈대〉	
①	단기매매증권	₩10,300,000	당좌예금	₩10,300,000
②	단기매매증권	₩10,300,000	당좌예금	₩10,000,000
			현금	₩300,000
③	단기매매증권	₩10,300,000	당좌예금	₩7,500,000
			단기차입금	₩2,500,000
			현금	₩300,000
④	단기매매증권	₩10,000,000	당좌예금	₩7,500,000
	지급수수료	₩300,000	단기차입금	₩2,500,000
			현금	₩300,000

ANSWER | 33.④ 34.④

33 ④ 감액손실의 회복에 해당되지 아니하는 경우에는 자본조정항목으로 처리한다.

34 단기매매증권 취득 시 부대비용은 당기비용으로 처리하며, 당좌차월계약이 맺어진 경우 당좌예금잔액이 부족하면 그 부족액은 단기차입금(당좌차월)으로 처리한다.

35 다음이 설명하는 것은?

> 발명품에 대해서 일정기간 독점적으로 사용할 수 있는 특허권, 미래에 경정성이 확실한 신제품 및 소프트웨어의 개발을 위하여 지급되는 개발비가 이에 해당된다.

① 유형자산
② 재고자산
③ 투자자산
④ 무형자산

36 당기 중 단기매매증권 ₩2,000,000을 취득하였다. 기말 현재 이 증권의 공정가액이 ₩1,850,000일 때 결산 시 분개로 옳은 것은?

① 〈차〉 단기매매증권 ₩50,000 〈대〉 단기매매증권평가이익 ₩50,000
② 〈차〉 단기매매증권평가손실 ₩50,000 〈대〉 단기매매증권 ₩50,000
③ 〈차〉 단기매매증권 ₩150,000 〈대〉 단기매매증권평가이익 ₩150,000
④ 〈차〉 단기매매증권평가손실 ₩150,000 〈대〉 단기매매증권 ₩150,000

37 취득원가 ₩200,000, 내용연수 10년, 잔존가액이 ₩20,000인 비품을 결산 시 정액법으로 감가상각하다. 옳은 분개는? (결산은 연 2회)

① 〈차〉 감가상각비 ₩18,000 〈대〉 비품 ₩18,000
② 〈차〉 감가상각비 ₩90,000 〈대〉 감가상각누계액 ₩900,000
③ 〈차〉 감가상각비 ₩9,000 〈대〉 감가상각누계액 ₩9,000
④ 〈차〉 감가상각비 ₩20,000 〈대〉 비품 ₩20,000

ANSWER | 35.④ 36.④ 37.③

35 무형자산은 형태를 가지고 있지 않지만 기업의 영업활동에 활용되어 수익창출에 기여하는 자산으로 컴퓨터 소프트웨어, 저작권, 라이선스 등이 있다.

36 단기매매증권평가손익 = 당기말 공정가액 − 취득원가(전기 말 공정가액 = 전기 말 장부가액)
= 1,850,000 − 2,000,000
= (−)150,000(평가손실)

37 매기 감가상각비 $= (200,000 - 20,000) \times \frac{1}{10 \times 2} =$ ₩9,000

38 다음 거래를 옳게 분개한 것은? (단, ₩2,000,000은 자본적 지출로 ₩1,000,000은 수익적 지출로 처리함)

> 건물의 일부를 개축하고 그 비용 ₩3,000,000을 수표발행하여 지급하였다.

① 〈차〉 건물 ₩2,000,000 〈대〉 당좌예금 ₩3,000,000
   수선비 ₩1,000,000
② 〈차〉 수선비 ₩3,000,000 〈대〉 당좌예금 ₩3,000,000
③ 〈차〉 건물 ₩3,000,000 〈대〉 당좌예금 ₩3,000,000
④ 〈차〉 건설가계정 ₩2,000,000 〈대〉 당좌예금 ₩3,000,000
   수선비 ₩1,000,000

39 ㈜서원의 2024년도 단기매매증권에 대한 내역은 다음과 같다. ㈜서원은 2025년 초에 C사 사채300좌를 좌당 @₩13,000에 처분하였다. 동 사채의 처분으로 인한 단기매매증권처분손익은 얼마인가?

종목	수량	취득원가	기말시가
A사 주식	500주	@₩4,000	@₩5,500
B사 주식	300주	@₩4,200	@₩3,200
C사 사채	400좌	@₩13,200	@₩12,000
D사 사채	100좌	@₩11,000	@₩12,800

① 처분손실 ₩300,000
② 처분이익 ₩300,000
③ 처분손실 ₩330,000
④ 처분이익 ₩360,000

ANSWER | 38.① 39.②

38 자본적 지출은 해당 자산으로 처리하여 매기 결산 시에 감가상각을 계상하며, 수익적 지출은 당기비용처리 한다. 따라서 개축비용 중 ₩1,000,000은 수선비용으로 처리하며, ₩2,000,000은 건물로 계상하여 결산 시에 감가상각을 계상한다.

39 (13,000 − 12,000) × 300좌 = 300,000(처분이익)
(처분가액)(장부가액)

40 A, B, C 합명회사의 재무상태표는 다음과 같다. B가 합명회사를 퇴사하기를 희망하므로 이를 인정하여 영업권을 ₩300,000으로 평가하고 B의 지분을 수표로 지급하였다. B의 퇴사후 재무상태표에 계상되는 영업권은 얼마인가?

재무상태표

제자산	₩2,000,000	제부채	₩410,000
		A자본금	₩600,000
		B자본금	₩400,000
		C자본금	₩200,000
		자본잉여금	₩120,000
		이익잉여금	₩270,000
	₩2,000,000		₩2,000,000

① ₩100,000 ② ₩300,000
③ ₩530,000 ④ ₩630,000

41 다음 중 자산의 회계처리에 대한 내용으로 옳지 않은 것은?

① 1년 이내에 소멸되는 소모품은 유동자산이다.
② 자체 사용목적으로 건설 중인 건물은 비유동자산이고 감가상각을 한다.
③ 커피숍에서 판매를 위해 전시한 커피 잔은 재고자산이다.
④ 자동차 회사가 제조한 자동차를 운송하기 위하여 보유하는 차량은 유형자산이고 감가상각을 한다.

ANSWER | 40.① 41.②

40 영업권은 자가창설영업권은 인정되지 않으며, 합병과 영업양수 등으로 인하여 취득한 영업권만을 재무상태표에 계상할 수 있다. 따라서 재무상태표에 계상할 수 있는 영업권은 다음과 같다.

영업양수한 B의 영업권 $= 300,000 \times \frac{400,000}{600,000 + 400,000 + 200,000} =$ ₩100,000

41 ②번의 건설 중인 자산은 수익을 창출하지 못하는 자산으로 감가상각하지 않는다.

42 다음 중 재무상태표작성 시의 자산에 대한 구분으로 잘못된 것은?

① 부도어음 – 기타자산
② 특허권 – 무형자산
③ 선급금 – 유동자산
④ 투자부동산 – 유형자산

43 기계에 관련된 정보가 다음과 같다. 현금유출액은 얼마인가?

	기말	기초
순장부가액	₩250,000	₩370,000
당기감가상각비	₩28,000	
당기매각자산 취득원가	₩50,000	
당기매각자산 감가상각누계액	₩32,000	

① ₩50,000
② ₩138,000
③ ₩166,000
④ ₩198,000

44 다음 중 기말수정분개 후의 감가상각누계액이 의미하는 것은?

① 유형자산의 취득원가에서 감가상각누계액을 차감하면 유형자산의 공정가액이 된다.
② 유형자산의 취득 시부터 현재까지 소요된 수선비의 합계액이다.
③ 유형자산의 취득 시부터 현재까지 유형자산의 취득원가를 비용화 한 금액의 합계액이다.
④ 유형자산의 취득 시부터 현재까지 유형자산의 대체에 필요한 적립금의 합계액이다.

ANSWER | 42.④ 43.③ 44.③

42 ④ 투자부동산은 투자자산이다.

43 순장부가액이 감가상각누계액이 차감된 것이므로 현금유출액(신규취득액)을 α 라고 하면 계산은 다음과 같다.

	기 초	기 말
취득원가	x	$x + (\alpha - 50{,}000)$
감가상각누계액	y	y + 28,000 − 32,000
순장부가액	250,000	370,000

연립방정식을 풀면 $\alpha + 4{,}000 = 170{,}000$이므로

$\therefore \alpha = 166{,}000$

44 감가상각누계액은 감가상각비(취득원가의 비용화)의 누적합계로 유형자산의 취득원가에서 차감하는 형식으로 표기한다.

45 취득원가 ₩200,000, 내용연수 10년, 잔존가액이 ₩20,000인 비품을 결산 시 정액법으로 감가상각하다. 옳은 분개는? (결산은 연 2회)

① 〈차〉 감가상각비 ₩18,000 〈대〉 비품 ₩18,000
② 〈차〉 감가상각비 ₩90,000 〈대〉 감가상각누계액 ₩900,000
③ 〈차〉 감가상각비 ₩9,000 〈대〉 감가상각누계액 ₩9,000
④ 〈차〉 감가상각비 ₩20,000 〈대〉 비품 ₩20,000

46 지분법을 적용하는 투자주식은 중대한 영향력을 행사할 수 있는 경우이다. 피투자회사의 의사결정에 중대한 영향력을 행사할 수 있는 경우가 아닌 것은?

① 직 · 간접으로 피투자회사에 대한 의결권 20% 이상 보유하고 있는 경우
② 기술합작투자
③ 경영진의 상호인사교류나 중요한 내부거래
④ 피투자회사의 이익잉여금 분배 · 내부유보이익결정과정 참여

47 다음 중 연구비와 개발비에 관한 내용으로 옳지 않은 것은?

① 연구비는 미래 경제적 효익이 매우 불확실하기 때문에 지출이 발생한 연도에 판매비와 관리비로 처리한다.
② 경상개발비는 판매비와 관리비 또는 제조원가로 처리한다.
③ 개발비는 무형자산으로 계상하여 사용가능한 시점부터 20년 이내의 합리적인 기간 동안 상각한다.
④ 개발비상각액은 수익 · 비용대응의 원칙에 따라 판매비와 관리비로 처리한다.

ANSWER | 45.③ 46.② 47.④

45 매기 감가상각비 = $(200,000 - 20,000) \times \frac{1}{10 \times 2}$ = ₩9,000

46 ② 기술합작투자는 피투자회사의 의사결정에 중대한 영향력을 행사할 수 있는 경우가 아니라 다만 기술이전의 한 형태이다.

47 개발비상각액은 판매비와관리비로 처리하거나 또는 특정 제품의 제조와 관련된 경우에는 제조원가로 처리하였다가 제품 판매 시 매출원가로 비용화한다.

48 서원상사는 2022년 초에 인쇄기를 ₩6,500,000에 구입하였다. 인쇄기의 내용연수는 10년, 잔존가치는 ₩500,000이며, 정액법에 의해서 상각한다. 2024년 초에 동 인쇄기의 인쇄속도와 인쇄품질을 향상시키기 위하여 ₩1,600,000의 부속장치를 추가로 설치하였다. 이 결과 서원상사가 2024말 인쇄기에 대하여 인식해야 할 감가상각비와 2024년 말 인쇄기의 장부가액은 각각 얼마인가?

	감가상각비	장부가액
①	₩600,000	₩4,700,000
②	₩600,000	₩6,100,000
③	₩800,000	₩4,700,000
④	₩800,000	₩6,100,000

49 다음 중 비유동부채로 분류되지 않는 것을 고르면?

① 유동성장기부채
② 퇴직급여충당부채
③ 장기차입금
④ 사채

ANSWER | 48.④ 49.①

48 인쇄기의 인쇄속도와 인쇄품질을 향상시키기 위한 지출은 자본적 지출에 해당한다.

㉠ 2023년 말 감가상각누계액
{(6,500,000 − 500,000) ÷ 10} × 2 = ₩1,200,000

㉡ 2023년 말 장부가액
6,500,000(취득원가) − 1,200,000(감가상각누계액) = ₩5,300,000

㉢ 2024년 초 장부가액
5,300,000(2015년말 장부가액) + 1,600,000(자본적 지출액) = ₩6,900,000

㉣ 2024년 말 감가상각비
{6,900,000(기초장부가액) − 500,000(잔존가액)} ÷ (10 − 2)(잔여내용연수) = ₩800,000

㉤ 2024년 말 장부가액
6,500,000(취득원가) + 1,600,000(자본적 지출액) − (1,200,000 + 800,000)(감가상각누계액) = ₩6,100,000

49 유동성장기부채는 유동부채로 분류한다. 부채는 1년을 기준으로 하여 유동부채와 비유동부채로 분류한다. 다만, 정상적인 영업주기 내에 소멸할 것으로 예상되는 매입채무와 미지급비용 등은 보고기간 종료일로부터 1년 이내에 결제되지 않더라도 유동부채로 분류한다. 이러한 경우 유동부채로 분류한 금액 중 1년 이내에 결제되지 않을 금액을 주석으로 기재한다. 당좌차월, 단기차입금 및 유동성 장기차입금 등은 보고기간 종료일로부터 1년 이내에 결제되어야 하므로, 영업주기와 관계없이 유동부채로 분류한다. 더불어서 비유동부채 중 보고기간 종료일로부터 1년 이내에 자원의 유출이 예상되는 부분은 유동부채로 분류한다.

부채와 자본

1 다음 중 부채의 분류에 대한 설명으로 옳지 않은 것은?

① 단기차입금 – 대차대조표일로부터 1년 이내에 상환할 차입금을 말하며 여기에는 당좌차월계약에 의한 금액을 포함한다.
② 선수수익 – 기업이 일정 기간 계속적으로 용역을 제공하기로 약정하고 받은 수익 중 차기 이후에 속하는 부분을 말한다.
③ 예수금 – 미래에 상품이나 용역을 제공하기로 하고 그 대금을 미리 수령한 금액을 말한다.
④ 유동성 장기부채 – 사채 · 장기차입금 등의 고정부채 중 결산일로부터 1년 이내에 지급시기가 도래하는 부분을 말한다.

2 부채에 대한 설명으로 옳지 않은 것은?

① 부채는 특정기업 실체가 과거의 거래나 사건으로부터 발생하여 현재 시점에서 부담하는 경제적 의무이다.
② 충당부채와 우발부채는 현재의 의무로서 이를 이행하기 위하여 자원이 유출될 가능성이 높으므로 부채로 인식한다.
③ 기업실체가 자산을 이미 인수하였거나 자산을 취득하겠다는 취소불능계약을 체결한 경우 현재의 의무가 발생한다.
④ 손실부담 계약은 당해 계약상의 의무에 따라 발생하는 회피불가능한 비용이 그 계약에 의하여 받을 것으로 기대되는 효익을 초과하는 계약으로 그러한 계약에 의한 현재의 의무는 충당부채로 인식한다.

ANSWER | 1.③ 2.②

1 예수금은 일반적인 상거래 이외에서 발생한 예수액을 말하며 종업원으로부터 원천징수한 근로소득세나 거래처로부터 징수한 부가가치세 등이 이에 속한다.

2 ② 우발부채는 부채로 인식하지 않는다.

3 다음 중 사채의 발행가액을 결정하는 요인으로 옳은 것은?

① 사채발행일의 액면이자율과 표시이자율
② 액면가액과 사채발행일의 액면이자율
③ 액면가액과 사채발행일의 시장이자율
④ 사채발행일의 액면이자율과 시장이자율

4 사채를 할인발행 하였을 경우 대차대조표상 장기부채의 금액은?

① 사채의 원금상환 시까지 매년 증가한다.
② 사채의 원금상환 시까지 매년 감소한다.
③ 사채의 발행부터 원금상환 시까지 액면가액으로 변함없이 평가된다.
④ 사채의 발행부터 원금상환 시까지 당초에 할인 발행가액대로 계상된다.

5 서원회사는 20×1년 1월 1일에 액면 ₩100,000의 사채(표시이자율 10%, 만기 3년)를 ₩95,200에 발행하였다. 발행사채의 유효이자율이 12%인 경우 서원회사가 이 사채로 인하여 만기까지 부담해야 할 총이자비용은 얼마인가?

① ₩30,000
② ₩32,000
③ ₩34,800
④ ₩36,000

ANSWER | 3.④ 4.① 5.③

3 ④ 사채의 발행가액은 액면이자율과 시장이자율을 통해 결정된다.

4 사채를 할인발행한 경우 발행 시 'B/S상 사채의 장부가액=액면가액−사채할인 발행차금'이다. 그런데 사채원금상환 시까지 점차로 유효이자율법 등을 통해 사채할인발행차금을 상각(감소)해 주므로 B/S상 사채장부가액은 점차 증가한다. 결국 발행 시에 발행가액으로 표시된 사채의 장부가액을 상각의 과정을 통해 만기에는 사채액면가액으로 일치시켜 주게 되는 것이다.

5 총이자비용 = 현금이자비용(₩100,000 × 10% × 3년) + 사채할인발행차금상각액(₩100,000 − ₩95,200) = ₩34,800

6 ㈜SH는 다음과 같은 방법으로 사채를 발행하였다. 이 회사가 관련 사채발행으로 상환기간 동안 인식할 총이자비용은 얼마인가?

• 액면가액 : ₩500,000	• 발행가액 : ₩480,000
• 시장이자율 : 10%	• 액면이자율 : 8%
• 발행일 : 2022년 4월 1일	• 상환일 : 2025년 3월 31일

① ₩140,000
② ₩150,000
③ ₩160,000
④ ₩170,000

7 다음 중 흑자 도산하는 기업을 조기에 파악하기 위한 가장 적합한 재무제표를 고르면?

① 자본변동표
② 현금흐름표
③ 재무상태표
④ 포괄손익계산서

8 (주)한국은 고객에게 상품을 판매하고 그 대가로 액면가액 ₩10,000,000, 만기 3개월, 이자율 연 9%인 약속어음을 수령하였다. (주)한국은 이 어음을 2개월 간 보유한 후 은행에서 할인할 때 ₩10,122,750을 수령하였다. 이 어음에 대한 은행의 연간 할인율은? (단, 이자는 월할 계산한다고 가정한다)

① 10%
② 11%
③ 12%
④ 13%

ANSWER | 6.① 7.② 8.③

6 할인 발행하였고, 만기가 3년인 사채이다. 3년 간 총이자비용은 액면가액 × 액면이자율 × 기간 + 할인발행차금이다.
₩500,000 × 8% × 3년 + (500,000 − 480,000) = ₩140,000

7 현금흐름표는 자금사정이 악화되어 부실화되는 기업뿐만 아니라 이익창출능력이 양호한데 갑자기 도산하는 흑자 도산기업도 조기에 파악할 수 있는 정보를 제공한다.

8 ㉠ 만기가액 : 10,000,000+(10,000,000×9%×3/12)=₩10,225,000
㉡ 수수료비용 : 10,225,000−10,122,750=₩102,250
㉢ 수수료율(=할인율)=12% : 10,225,000×1/12×수수료율=₩102,250

9 서원회사는 2024년 1월 1일에 사채(액면 ₩1,000,000, 만기 10년 표시이자율 연 9%)를 발행하였다. 사채의 발행가액은 ₩939,000이며, 서원회사는 유효이자율법에 의하여 사채할인발행차금을 상각하는데, 유효이자율은 연 10%이다. 이자는 매년 12월 31일에 지급된다. 2024년 12월 31일에 보고될 미상각 사채할인발행차금은 얼마인가?

① ₩51,000
② ₩51,610
③ ₩52,000
④ ₩57,100

10 사채총액 ₩5,000,000(액면 @₩100, 50,000주)을 연이율 12%(연 2회 지급), 상환기한 5년의 조건으로 @₩110씩 발행하고, 사채발행비 ₩120,000을 제외한 잔액은 은행에 당좌예입한다. 이 경우 옳은 분개는?

① 〈차〉	당좌예금	₩5,000,000	〈대〉 사채	₩5,000,000
	사채발행비	₩120,000	당좌예금	₩120,000
② 〈차〉	당좌예금	₩5,380,000	〈대〉 사채	₩5,500,000
	사채발행비	₩120,000		
③ 〈차〉	당좌예금	₩5,380,000	〈대〉 사채	₩5,000,000
	사채발행비	₩120,000	사채할증발행차금	₩500,000
④ 〈차〉	당좌예금	₩5,380,000	〈대〉 사채	₩5,000,000
			사채할증발행차금	₩380,000

ANSWER | 9.④ 10.④

9 상각표 작성은 다음과 같다.
따라서 미상각 사채할인발행차금은 61,000 − 3,900 = ₩57,100이다.

일자	유효이자	액면이자	사채할인발행차금 상각	사채할인발행 차금미상각잔액	장부가액
2024년 1월 1일			939,000	61,000	
2024년 12월 31일	93,900	90,000	3,900	57,100	942,900

10 사채발행을 위하여 직접 발생한 기타의 비용은 할증발행차금에서 차감한다. 이 문제는 할증발행(사채액면가액 < 발행가액)된 경우이다. 할증발행의 경우 사채발행시 회계처리는 할증발행차금을 사채에 가산하는 형식으로 계상하고, 사채발행비는 할증발행차금에서 차감한다.

할증발행차금 = 발행가액 − 액면가액
= 50,000주 × @110 − 5,000,000
= ₩500,000 − 120,000
= ₩380,000

11 ㈜동교는 2023년 1월 1일 다음과 같은 조건의 사채를 발행하였다. 발행일의 분개로 옳은 것은?

• 액면 : 2,000좌, @₩10,000/좌	• 발행대금 : @₩9,500/좌
• 연이율 : 10%	• 이자지급 : 연 1회(매년 12월 31일)
• 사채발행비 : ₩500,000	• 상환조건 : 2025년 12월 31일 일시상환

①	〈차〉 현금	₩19,000,000	〈대〉 사채	₩20,000,000
	사채할인발행차금	₩1,500,000		₩500,000
②	〈차〉 현금	₩18,500,000	〈대〉 사채	₩19,000,000
	사채발행비	₩500,000		
③	〈차〉 현금	₩18,500,000	〈대〉 사채	₩20,000,000
	사채발행비	₩500,000	사채할인발행차금	₩1,000,000
④	〈차〉 현금	₩18,500,000	〈대〉 사채	₩20,000,000
	사채할인발행차금	₩1,500,000		

12 유효이자율법을 적용하여 사채발행차금을 상각하는 회계처리와 관련된 설명으로 옳은 것은?

① 할증발행된 경우 차금상각액은 매기 증가한다.

② 할인발행된 경우 이자비용은 매기 감소한다.

③ 사채발행비가 있는 경우 유효이자율은 시장이자율보다 낮다.

④ 할증발행된 경우 사채의 장부가액은 매기 증가한다.

ANSWER | 11.④ 12.①

11 사채발행비는 사채의 발행가액(현금유입액)에서 직접 차감하므로 할인발행시 사채할인발행차금을 증가시키게 된다.

㉠ 사채발행

〈차〉 현금	19,000,000	〈대〉 사채	20,000,000
사채할인발행차금	1,000,000		

㉡ 사채발행비

〈차〉 사채할인발행차금	500,000	〈대〉 현금	500,000

㉢ (㉠+㉡)

〈차〉 현금	18,500,000	〈대〉 사채	20,000,000
사채할인발행차금	1,500,000		

12 ② 할인발행된 경우 이자비용은 매기 증가한다.

③ 사채발행비가 있는 경우 유효이자율은 시장이자율보다 높다.

④ 할증발행된 경우 사채의 장부가액은 매기 감소한다.

13 다음 자료에 의하면 2021년 12월 31일 사채할인발행차금상각액은 얼마인가?

• 액면가액 : ₩20,000,000	• 발행가액 : ₩18,000,000
• 액면이자율 : 4%	• 유효이자율 : 6%
• 이자지급 : 연 1회(매년 12월 31일)	• 발행일 : 2021년 1월 1일
• 만기일 : 2025년 12월 31일	• 상환조건 : 만기일시상환

① ₩220,000　　② ₩240,000
③ ₩260,000　　④ ₩280,000

14 사채의 발행 및 발행 후 회계처리에 대한 설명으로 옳지 않은 것은?

① 상각후원가로 측정하는 사채의 경우 사채발행비가 발생한다면 액면발행, 할인발행, 할증발행 등 모든 상황에서 유효이자율은 사채발행비가 발생하지 않는 경우보다 높다.
② 사채를 할증발행한 경우 사채이자비용은 현금이자지급액에 사채할증발행차금 상각액을 가산하여 인식한다.
③ 사채의 할증발행 시 유효이자율법에 의해 상각하는 경우 기간 경과에 따라 매기 인식하는 할증발행차금의 상각액은 증가한다.
④ 사채의 할인발행 시 유효이자율법에 의해 상각하는 경우 기간 경과에 따라 매기 인식하는 할인발행차금의 상각액은 증가한다.

ANSWER | 13.④ 14.②

13 ㉠ 유효이자(장부가액 × 유효이자율) : 18,000,000 × 6% × 12/12 = 1,080,000
㉡ 액면이자(액면가액 × 액면이자율) : 20,000,000 × 4% × 12/12 = 800,000
㉢ 사채할인발행차금상각액(이자차액) : 1,080,000 − 800,000 = 280,000

14 사채를 할증발행한 경우 사채이자비용은 현금이자지급액에 사채할증발행차금 상각액을 차감하여 인식한다.

15 사채할인발행차금의 상각은 당기순이익과 사채장부가액에 어떻게 영향을 미치는가?

① 당기순이익을 증가시킨다. – 사채장부가액을 증가시킨다.
② 당기순이익을 증가시킨다. – 사채장부가액을 감소시킨다.
③ 당기순이익을 감소시킨다. – 사채장부가액을 감소시킨다.
④ 당기순이익을 감소시킨다. – 사채장부가액을 증가시킨다.

16 2023년 1월 1일 영호(주)는 액면가액 ₩2,500,000의 연속상환사채를 ₩2,135,000에 발행하였으며, 연도별 상환액은 다음과 같다. 사채할인발행차금을 미상환잔액비례법으로 상각할 때 2025년 12월 31일 상각해야 할 금액은?

• 2024년 1월 1일	₩300,000
• 2025년 1월 1일	₩500,000
• 2026년 1월 1일	₩800,000
• 2027년 1월 1일	₩900,000

① ₩85,000
② ₩91,250
③ ₩110,000
④ ₩116,800

ANSWER | 15.④ 16.①

15 사채할인발행차금의 상각은 사채의 장부가액(액면가액 – 기상각된 사채할인발행차금)을 증가시키고, 총이자비용은 정액법 사용 시는 일정하고 유효이자율법을 사용 시는 증가하므로 당기순이익은 일정하거나 감소된다.

거래	사채의 장부가액	현금 이자 지급액	정액법		유효이자율법	
			할인(할증)액 상각	총이자 비용	할인(할증)액 상각	총이자 비용
할인발행	증가	일정	일정	일정	증가	증가
할증발행	감소	일정	일정	일정	증가	감소

16 사채할인발행차금 = 2,500,000 – 2,135,000 = ₩365,000

연도	미상환잔액	상각액
2023년	₩2,500,000	365,000 × 2,500/7,300 = ₩125,000
2024년	₩2,200,000	365,000 × 2,200/7,300 = ₩110,000
2025년	₩1,700,000	365,000 × 1,700/7,300 = ₩85,000
2026년	₩900,000	365,000 × 900/7,300 = ₩45,000
2027년	₩0	₩0
계	₩7,300,000	₩365,000

17 다음 거래를 옳게 분개한 것은?

甲회사 사채 100좌를 ₩1,000,000에 구입하고 수수료 ₩50,000과 함께 현금으로 지급하다.

① 〈차〉 단기매매금융자산 ₩1,050,000 〈대〉 현금 ₩1,050,000

② 〈차〉 단기매매금융자산 ₩1,000,000 〈대〉 현금 ₩1,050,000
수수료비용 ₩50,000

③ 〈차〉 만기보유금융자산 ₩1,050,000 〈대〉 현금 ₩1,050,000

④ 〈차〉 만기보유금융자산 ₩1,000,000 〈대〉 현금 ₩1,000,000

18 충당부채의 인식과 관련된 설명으로 옳지 않은 것은?

① 과거 사건의 결과로 현재의무가 존재해야 한다.

② 당해 의무를 이행하기 위하여 경제적 효익을 갖는 자원이 유출될 가능성이 높아야 한다.

③ 입법 예고된 법규의 세부사항이 아직 확정되지 않은 경우에는 당해 법규안대로 제정될 것이 거의 확실한 때에만 의무가 발생한 것으로 본다.

④ 신뢰성 있는 금액의 추정이 불가능한 경우에도 부채로 인식해 재무상태표의 본문에 표시한다.

ANSWER | 17.② 18.④

17 단기매매금융자산의 취득원가는 매입가액으로 한다. 따라서 매입 시 발생한 부대비용은 취득원가에 포함시키지 않고 비용처리 한다.

18 신뢰성 있는 금액의 추정이 불가능한 경우에는 재무상태표의 본문에 표시하지 않고 주석에 공시한다.

19 영호(주)는 2023년 1월 1일 다음과 같은 조건으로 3년 만기 비분리형 전환사채를 발행하였다. 회사는 기업회계기준을 준수하여 회계처리한다. 단, 전환사채의 보장수익률은 12%이다. 한편, ₩1의 현재가치에 대한 미래가치는 다음과 같다. 영호(주)가 2023년 1월 1일 전환사채를 발행한 직후 전환권가치를 얼마로 기록해야 하는가?

- 발행가액 : 액면가액 ₩100,000, 전환사채를 ₩97,000으로 할인발행
- 표시이자율 : 연 8%
- 이자지급방법 : 매 연도 12월 31일에 후급
- 전환청구기간 : 사채발행 이후 6개월 경과일부터 만기일 60일 전까지
- 전환가격 : 액면 ₩20,000당 보통주 액면 ₩5,000인 주식 1주로 전환
- 상환방법 : 상환만기일에 상환할증금을 가산하여 원금의 110%를 일시상환

할인율	3년 후 1원의 현가	3년 간 연금현가	3년 간 연금미래가치
8%	0.79383	2.57710	3.24640
12%	0.71178	2.40183	3.37440

① ₩0
② ₩1,804
③ ₩4,804
④ ₩6,608

20 다음 중 충당부채에 해당되는 것은?

① 대손충당금
② 감가상각충당금
③ 퇴직급여충당금
④ 재고자산평가충당금

ANSWER | 19.④ 20.③

19 전환권가치 = 전환사채의 발행가액 − 전환사채의 미래현금흐름의 현재가치
㉠ 전환사채의 발행가액 : ₩97,000
㉡ 전환사채의 현재가치 : 100,000 × 0.71178 + 100,000 × 0.08 × 2.40183 = △₩90,392
㉢ 전환권가치 : ₩6,608

20 충당부채 … 당기의 수익에 대응하는 비용으로서 장래에 지출될 것이 확실한 것과 당기의 수익에서 차감되는 것이 합리적인 것에 대하여 그 금액을 추산하여 계상되는 부채를 말한다. 기업회계기준에서 규정하고 있는 충당부채로는 퇴직급여충당금, 수선충당금, 판매보증충당금, 공사보증충당금 등이 있다.

21 기업회계기준에 의한 충당부채 인식요건에 대한 설명으로 옳지 않은 것은?

① 당해 의무를 이행하기 위해서는 자원의 유출가능성이 크다.
② 과거의 사건이나 거래의 결과로 인하여 현재의 의무가 있다.
③ 인식요건인 현재 의무는 법적인 의무만을 말하고 의제의무는 제외한다.
④ 자원의 유출가능성이 크다는 것은 발생가능성이 80% 이상임을 의미한다.

22 퇴직급여충당금에 대한 서원상회의 내용이다. 다음 내용을 옳게 분개한 것은?

• 당해 연도말 퇴직금 추계액	₩10,000,000
• 당해 연도말 퇴직급여충당금 누계액	₩9,000,000
• 당해 연도말 퇴직금 지급액	₩1,500,000

① 〈차〉 퇴직급여 ₩1,000,000 〈대〉 퇴직급여충당금 ₩1,000,000
　　퇴직급여충당금 ₩1,500,000 　　현금 ₩1,500,000
② 〈차〉 퇴직급여 ₩2,500,000 〈대〉 퇴직급여충당금 ₩2,500,000
③ 〈차〉 퇴직급여충당금 ₩1,500,000 〈대〉 현금 ₩1,500,000
④ 〈차〉 퇴직급여 ₩1,500,000 〈대〉 퇴직급여충당금 ₩1,500,000

ANSWER | 21.③ 22.②

21 ③ 충당부채를 인식하기 위한 요건인 현재의 의무는 대차대조표일 현재 의무이행을 회피할 수 없는 법적 의무와 의제의무를 말한다.

22 퇴직급여관련회계처리
㉠ 퇴직급여충당금잔액
9,000,000(퇴직급여충당금누계액) − 1,500,000(퇴직금지급액) = ₩7,500,000
㉡ 퇴직급여충당금설정액
10,000,000(당해 연도말 퇴직금추계액) − 7,500,000(퇴직급여충당금잔액) = ₩2,500,000

23 퇴직급여충당금에 대한 회계처리이다. 2018년 전회사 임직원이 일시퇴직한다고 할 때 퇴직급여추계액 ₩100,000,000인데 퇴직급여충당금잔액 ₩90,000,000이어서 충당금 ₩10,000,000이 부족한 상태였고, 2025년말 현재 퇴직급여추계액이 115,000,000인데 퇴직급여 충당금잔액이 ₩103,000,000이라고 한다면 2025년 말에 필요한 분개는?

① 〈차〉 전기이월이익잉여금 ₩1,000,000 〈대〉 퇴직급여충당금 ₩3,000,000
퇴직급여 ₩2,000,000
② 〈차〉 퇴직급여 ₩12,000,000 〈대〉 퇴직급여충당금 ₩12,000,000
③ 〈차〉 전기이월이익잉여금 ₩12,000,000 〈대〉 퇴직급여충당금 ₩12,000,000
④ 〈차〉 전기이월이익잉여금 ₩10,000,000 〈대〉 퇴직급여충당금 ₩12,000,000
퇴직급여 ₩2,000,000

24 (주)성진은 5년 전에 발행한 사채 액면 5,000,000을 만기가 되어 수표를 발행하여 전액상환하였다. 옳은 분개는? (단, 감채적립금으로 ₩4,000,000을 적립하고 있음)

① 〈차〉 사채 ₩5,000,000 〈대〉 당좌예금 ₩5,000,000
감채적립금 ₩4,000,000 자본금 ₩4,000,000
② 〈차〉 사채 ₩5,000,000 〈대〉 당좌예금 ₩5,000,000
감채적립금 ₩4,000,000 별도적립금 ₩4,000,000
③ 〈차〉 사채 ₩5,000,000 〈대〉 당좌예금 ₩5,000,000
④ 〈차〉 사채 ₩4,000,000 〈대〉 당좌예금 ₩4,000,000
감채적립금 ₩4,000,000 당좌예금 ₩4,000,000

ANSWER | 23.④ 24.②

23 ₩115,000,000(2011년말 현재 퇴직급여추계액) − ₩103,000,000(퇴직급여충당금) = ₩12,000,000(부족액)이다. 그러나 ₩10,000,000은 전기이월이익잉여금에서 차감한다.

24 감채적립금 … 부채를 상환하기 위하여 이익의 일부를 유보시킨 적립금이다.

25 다음 거래의 옳은 분개는?

> 사채 ₩2,000,000을 감채기금으로 상환하다(단, 같은 금액의 감채적립금이 있음).

① 〈차〉 사채 ₩2,000,000 〈대〉 당좌예금 ₩2,000,000
감채적립금 ₩2,000,000 감채기금 ₩2,000,000

② 〈차〉 사채 ₩2,000,000 〈대〉 감채적립금 ₩2,000,000

③ 〈차〉 사채 ₩2,000,000 〈대〉 감채기금 ₩2,000,000
감채적립금 ₩2,000,000 별도적립금 ₩2,000,000

④ 〈차〉 사채 ₩2,000,000 〈대〉 사채 ₩2,000,000
감채기금 ₩2,000,000 별도적립금 ₩2,000,000

26 다음의 자본항목에 대한 회계 처리의 내용이 틀린 것은?

① 주식할인발행차금은 이익잉여금으로 회계 처리한다.
② 주식발행초과금은 자본잉여금으로 회계 처리한다.
③ 자기주식은 자본에서 차감하는 형식으로 회계 처리한다.
④ 매도가능증권평가이익은 기타포괄손익누계로 회계 처리한다.

ANSWER | 25.③ 26.①

25 임의적립금에는 적립의 목적달성시에 자산의 증가나 부채의 감소의 형태로 나타나며, 목적을 달성해도 적립금이 없어지지 않기 때문에 별도의 다른 적립금으로 대체되는 적극적 적립금(사업확장적립금, 감채적립금, 신축적립금 등)과 지출목적이나 결손보전 목적으로 적립되는 적립금으로 목적달성시에는 그 목적에 사용되어 소멸되는 소극적 적립금(배당평균적립금, 결손보전적립금, 퇴직급여적립금, 별도적립금 등)이 있다. 감채기금으로 사채상환한 후에 감채적립금은 별도적립금으로 대체된다.

26 주식할인발행차금 : 주식발행가액이 액면가액에 미달하는 경우 그 미달하는 금액으로 주식발행초과금과 상계처리하고 남은 잔액은 발행연도부터 3년 이내의 기간에 매기 균등액을 이익잉여금의 처분으로 상각한다.

27 다음은 회사의 2024년도 기초와 기말의 재무상태와 경영성과에 관한 자료이다. 기말부채와 기말자본을 계산한 것으로 옳은 것은?

	기초	기말
자산	₩150,000	₩160,000
부채	₩60,000	( )
자본	₩90,000	( )
수익	–	₩50,000
비용	–	₩30,000

	기말부채	기말자본
①	₩40,000	₩120,000
②	₩50,000	₩110,000
③	₩60,000	₩100,000
④	₩80,000	₩80,000

28 자본에 대한 기업회계 기준의 설명이다. 옳지 않은 것은?

① 회사가 발생할 주식의 총 수, 1주 금액 및 발행한 주식의 수와 당해 회계연도 중에 증자·감자·주식배당 또는 기타 사유로 자본금이 변동한 경우 그 내용을 주석으로 기재한다.
② 자본잉여금과 이익잉여금의 자본전입에 의한 주식 및 출자의 취득은 자산 증가로 본다고 규정하고 있다.
③ 자기주식 소각이익의 경우에는 소각일부터 2년이 경과한 후 자본전입하는 경우는 실질적 증자로 본다.
④ 주식매수선택권은 자본조정항목이다.

ANSWER | 27.② 28.②

27 20,000(순이익) + 90,000(기초자본금) = ₩110,000(기말자본금)
160,000(자산) − 110,000(자본금) = ₩50,000(기말부채)

28 ② 자산의 증가로 보지 아니하며 대표적인 형식적인 증자다.

29 다음이 설명하고 있는 원칙은?

> 채권자나 이해관계자들을 보호하기 위하여 자본금에 상당하는 재산을 보유하고 있어야 한다는 원칙이다.

① 자본충실의 원칙
② 자본확정의 원칙
③ 수권자본제도
④ 자본불변의 원칙

30 자본을 실질적으로 증가시키는 거래는?

① 주식을 할인발행한 경우
② 유통 중인 발행주식을 액면이상으로 취득하는 경우
③ 이익준비금을 자본전입한 경우
④ 주식배당을 한 경우

31 자본과 관련하여 옳게 설명한 것은?

① 주식회사의 자본금은 주식발행 시 납입된 현금 또는 자산의 가액을 나타낸다.
② 실질적 감자의 경우 자본금과 순자산이 감소하지만 형식적 감자의 경우에는 순자산이 감소되지 않는다.
③ 이익잉여금은 배당금의 지급 또는 손실의 발생 등에 의해서만 감소된다.
④ 주식배당을 하면 이익잉여금은 감소하나, 자본금은 변하지 않는다.

ANSWER | 29.① 30.① 31.②

29 ② 회사 설립 시 발행주식총수를 확정해야 한다는 원칙이다.
③ 회사 설립 시 발행주식총수의 4분의 1 이상 발행하고 이사회의 결의에 의해 추후에 발행할 수 있는 제도이다.
④ 확정된 자본은 임의로 변경되지 못하도록 하는 제도이다.

30 ② 자본감소, ③ 자본불변, ④ 자본불변

31 ② 실질적 감자는 자본금이 감소하지만 회사의 자산은 감소하지 않고 자본금만 명목적으로 감소하는 것이다.
① 자본금의 발행한 주식의 액면가액이므로 발행 시 납입된 현금과는 다를 수 있다(할인발행 또는 할증발행).
③ 이익잉여금은 무상증자의 경우에 감소될 수 있다.
④ 주식배당 시에는 이익잉여금을 차기하고 자본금을 대기하므로 이익잉여금의 감소와 자본금의 증가가 발생한다.

32 다음에서 설명하고 있는 것은?

> 주식회사에서 이월결손금을 줄이기 위해 이사회에서 액면금액을 ₩5,000원에서 ₩2,500으로 변경하여 구주식을 신주식으로 대체발행하기로 하였다.

① 실질적 감자　　② 실질적 증자
③ 형식적 감자　　④ 형식적 증자

33 (주)한국의 2024년 말 자본의 세부구성 항목이 다음과 같을 때, 2024년 말 재무상태표에 자본잉여금, 기타포괄손익누계액, 자본조정으로 표시될 금액은?

감자차익	₩90,000	주식발행초과금	₩200,000
매도가능증권평가이익	₩400,000	지분법자본변동	₩20,000
자기주식	₩100,000	주식선택권	₩120,000
이익준비금	₩300,000	자기주식처분이익	₩80,000
미처분이익잉여금	₩115,000		

	자본잉여금	기타포괄손익누계액	자본조정
①	₩290,000	₩400,000	₩20,000
②	₩370,000	₩400,000	₩40,000
③	₩370,000	₩420,000	₩100,000
④	₩370,000	₩420,000	₩20,000

ANSWER | 32.③ 33.④

32 순자산(자본)이 감소하지 않는 감자를 형식적 감자라 하며, 이는 주식수와 액면금액을 변경하는 방법이 있다.

33 ㉠ 자본잉여금 : 감자차익, 주식발행초과금, 자기주식처분이익
㉡ 기타포괄손익누계액 : 매도가능증권평가이익, 지분법자본변동
㉢ 자본조정 : 자기주식, 주식선택권

34 이익잉여금을 자본금에 전입함으로써 100% 주식배당이 이루어졌을 경우의 상황은?

① 운전자본의 불변, 주당순이익의 감소, 부채비율의 감소
② 유동비율의 불변, 운전자본의 불변, 주당순이익의 불변
③ 유동비율의 감소, 운전자본의 감소, 주당순자산가액의 감소
④ 운전자본의 불변, 주당순이익의 감소, 주당순자산가액의 감소

35 (주)서원각은 20×1년 9월 1일에 개업하면서 보통주 1,000주(액면가액 ₩5,000)를 주당 ₩9,500에 발행하고, 우선주 100주(액면가액 ₩5,000)를 주당 ₩8,500에 발행하였다. 20×1년 9월 1일 현재 재무상태표의 자본에 표시할 금액으로 옳은 것은?

	보통주자본금	우선주자본금	자본잉여금
①	9,500,000	500,000	4,000,000
②	9,500,000	850,000	4,000,000
③	5,000,000	850,000	4,850,000
④	5,000,000	500,000	4,850,000

36 대주주는 2024년 2월 1일에 자신이 소유한 주식 100주(주당액면가액 ₩5,000)를 회사에 무상으로 증여하였다. 2024년 2월 1일의 이 회사의 종가는 ₩7,000이었다. 회사는 무상으로 수증받은 자기주식을 4월 7일에 주당 ₩8,000에 처분하였다. 주식처분비용으로 ₩20,000이 발생하였다. 4월 7일에 계상할 자기주식처분이익은?

① ₩80,000 ② ₩100,000
③ ₩280,000 ④ ₩780,000

ANSWER | 34.④ 35.④ 36.④

34 주식배당의 경우 이익잉여금을 차기하고 자본금을 대기하므로 자본의 감소와 자본의 증가가 동시에 발생한다. 따라서 자본총계와 자산총계는 불변이나 주식수가 증가하므로 주당순이익은 감소하고 주당순자산가액은 감소한다. 순운전자본은 유동자산에서 유동부채를 차감한 값이므로 순운전자본은 일정하다.

35 보통주자본금 : 1,000주×₩5,000=₩5,000,000
우선주자본금 : 100주×₩5,000=₩500,000
자본잉여금 : (1,000주×₩4,500)+(100주×₩3,500)=₩4,850,000

36 8,000(처분가액) × 100주 − 20,000(주식처분비용) = ₩780,000
무상수증자기주식을 처분하는 경우에는 처분에 따른 현금 등의 유입액에서 처분직접비용을 차감한 잔액을 자기주식처분이익으로 인식한다.

37 다음은 서원(주)의 잉여금 현황이다. 이 중 자본잉여금에 해당하는 총 금액은?

• 당기순이익	₩36,000	• 신축적립금	₩33,000
• 이익준비금	₩85,000	• 자기주식처분이익	₩53,000
• 주식발행초과금	₩28,000	• 감자차익	₩21,000

① ₩28,000
② ₩49,000
③ ₩102,000
④ ₩134,000

38 다음 자료에 의하면 이익잉여금과 자본잉여금은 각각 얼마인가?

• 당기순이익	₩860,000	• 감채적립금	₩1,500,000
• 재무구조개선적립금	₩500,000	• 이익준비금	₩800,000
• 주식발행초과금	₩4,500,000	• 감자차익	₩350,000
• 자기주식처분이익	₩400,000		

	이익잉여금	자본잉여금
①	₩4,060,000	₩4,850,000
②	₩3,660,000	₩5,250,000
③	₩2,800,000	₩5,250,000
④	₩3,660,000	₩4,850,000

ANSWER | 37.③ 38.②

37 자본잉여금은 주식발행초과금과 자기주식처분이익, 감자차익이 된다.
자본잉여금 = 28,000 + 53,000 + 21,000 = ₩102,000

38 ㉠ 이익잉여금 : 860,000(당기순이익) + 1,500,000(감채적립금) + 500,000(재무구조개선적립금) + 800,000(이익준비금) = 3,660,000
㉡ 자본잉여금 : 4,500,000(주식발행초과금) + 350,000(감자차익) + 400,000(자기주식처분이익) = 5,250,000

39 다음은 (주)서원의 총계정원장 일부 계정의 잔액이다. 이 자료로 이익잉여금을 계산하면?

• 자본금	₩2,000,000	• 이익준비금	₩120,000
• 주식발행초과금	₩200,000	• 감자차익	₩80,000
• 사업확장적립금	₩100,000	• 자기주식 처분이익	₩40,000
• 배당평균적립금	₩50,000	• 차기이월이익잉여금	₩30,000

① ₩300,000　　② ₩310,000
③ ₩320,000　　④ ₩340,000

40 이익준비금 ₩2,000,000과 주식발행초과금 ₩3,000,000을 자본에 전입하기로 하고 신주 1,000주(1주 액면금액 ₩5,000)를 평가발행하여 구주주에게 무상으로 교부하다. 이를 옳게 분개한 것은?

① 〈차〉 이익준비금 ₩2,000,000　〈대〉 자본잉여금 ₩5,000,000
　　주식발행초과금 ₩3,000,000
② 〈차〉 이익준비금 ₩2,000,000　〈대〉 자본금 ₩5,000,000
　　주식발행초과금 ₩3,000,000
③ 〈차〉 자본금 ₩5,000,000　〈대〉 이익준비금 ₩2,000,000
　　　　주식발행초과금 ₩3,000,000
④ 〈차〉 자본준비금 ₩5,000,000　〈대〉 자본금 ₩5,000,000

ANSWER | 39.① 40.②

39 이익잉여금이란 순이익의 일부를 회사 내에 유보시켜 적립된 금액이므로 이익준비금, 사업확장적립금, 배당평균적립금, 차기이월이익잉여금 가산하면 이익잉여금의 총액은 ₩300,000이다.

40 이익준비금(이익잉여금항목)과 주식발행초과금(자본잉여금)을 자본에 전입하는 경우 차변에 이익준비금과 주식발행초과금, 대변에 자본금이 계상되므로 자본의 감소와 자본의 증가가 동시에 일어나는 형식적 증자(무상증자)에 해당한다.

41 자기자본의 구성내역은 다음과 같다. 당기 중 자기주식 10,000주를 주당 ₩15에 매입하였다면 원가법을 적용할 때 자기주식취득 시의 분개로 적절한 것은?

보통주(액면 @₩10, 발행주식수 100,000주)	₩1,000,000
주식발행초과금	100,000
이익잉여금	400,000
자기자본합계	1,500,000

① (차) 자기주식 ₩150,000 (대) 현금 ₩150,000

② (차) 자기주식 ₩100,000 (대) 현금 ₩150,000
주식발행초과금 ₩50,000

③ (차) 자기주식 ₩100,000 (대) 현금 ₩150,000
주식발행초과금 ₩10,000
이익잉여금 ₩40,000

④ (차) 자기주식 ₩100,000 (대) 현금 ₩150,000
자기주식취득손실 ₩50,000

42 다음 중 기업회계기준, 해석, 해석적용사례에 따를 때 자본조정으로 처리되지 않는 것은?

① 1년 이내에 처분이 확실시되는 일시적으로 주가안정을 위하여 취득한 자기주식

② 해외지점의 재무제표를 현행환율법으로 환산하는 경우에 발생하는 환산손익

③ 설비자산을 취득자금의 일부로 정부로부터 받은 보조금을 보통예금에 예치하고, 아직 설비자산을 사용하지 않은 국고보조금

④ 개업 전 주주에게 배당한 건설이자

ANSWER | 41.① 42.③

41 자기주식에 대한 원가법 적용 시 자기주식 취득 시에는 취득원가를 자기주식계정으로 하여 계상한다. 10,000주×₩15=₩150,000에 취득하였으므로 답은 ①이 된다.

42 자산취득에 사용될 국고보조금을 받는 경우에는 관련 자산을 취득하기 전까지 받은 자산 또는 받은 자산을 일시적으로 운용하기 위하여 취득하는 다른 자산의 차감계정으로 회계처리하고, 관련 자산을 취득하는 시점에서 관련 자산의 차감계정으로 회계처리한다.

43 다음 중 다른 항목들과 성격이 다른 것은?

① 주식발행초과금
② 자기주식
③ 주식할인발행차금
④ 감자차손

44 다음과 같은 재무상태를 가진 甲, 乙, 丙합병회사에서 丙사원이 퇴사하게 되어 그 지분을 출자액에 비례하여 계산하였다. 丙사원에 환급할 총금액은?

재무상태표

현금	₩1,000,000	외상매입금	₩1,100,000
당좌 예금	₩1,000,000	甲 자본금	₩2,000,000
외상매출금	₩1,000,000	乙 자본금	₩500,000
상품	₩2,000,000	丙 자본금	₩500,000
		적립금	₩600,000
		당기순이익	₩300,000
	₩ 5,000,000		₩5,000,000

① ₩560,000
② ₩600,000
③ ₩650,000
④ ₩700,000

45 다음 중 사채발행차금을 유효이자율법에 의해 상각할 경우의 내용으로 가장 옳지 않은 것은?

① 할인발행 시에 이자비용은 매기 증가한다.
② 할인발행 시에 상각액은 매기 증가한다.
③ 할증발행 시에 이자비용은 매기 감소한다.
④ 할증발행 시에 상각액은 매기 감소한다.

ANSWER | 43.① 44.③ 45.④

43 ① 자본잉여금항목 ②③④ 자본조정항목

44 환급금액 $= (5,000,000 - 1,100,000) \times \frac{500,000}{2,000,000 + 500,000 + 500,000} =$ ₩650,000

45 사채할인발행을 할 경우에 상각후원가가 매기 증가하게 되므로 상각액 및 이자비용은 매기 증가하게 되며, 사채할증발행을 할 경우에 상각후원가가 매기 감소하므로 이자비용은 매기 감소하는 반면에 상각액은 매기 증가하게 된다.

46 다음과 같은 재무상태의 조합회사에서 丙이 퇴사할 경우 丙의 지분은? (단, 丙의 퇴사에 의하여 영업권 ₩2,000을 계산함)

재무상태표

제자산	₩8,300	제부채	₩6,500
		甲 자본금	₩4,000
		乙 자본금	₩3,000
		丙 자본금	₩3,000
		적립금	₩1,000
		당기순이익	₩800
	₩18,300		₩18,300

① ₩3,540
② ₩3,840
③ ₩4,000
④ ₩4,140

47 영호상사는 2024년 12월 31일로 종료되는 회계기간의 결산을 완료하였다. 서원상사의 재무상태표상 자본계정의 내역은 다음과 같다고 한다. 영호상사가 처분전이익잉여금 전액을 이익준비금의 적립, 주식배당 및 현금배당하기로 한다면 상법상 주식배당할 수 있는 최대한의 금액은 얼마인가?

- 자본금(액면 ₩5,000주 발행주식수 20,000주) ₩100,000,000
- 이익준비금 ₩50,000,000
- 처분전이익잉여금 ₩10,000,000

① ₩0
② ₩4,500,000
③ ₩5,000,000
④ ₩9,000,000

ANSWER | 46.④ 47.③

46 환급금액 $= (18,300 + 2,000 - 6,500) \times \dfrac{3,000}{4,000 + 3,000 + 3,000} =$ ₩4,140

47 상법상 규정의 경우 이익배당총액의 1/2에 상당하는 범위 내에서만 주식배당하도록 규정하고 있고, 상장법인의 경우 이익배당의 전액을 주식배당할 수 있도록 하고 있다. 따라서 처분전이익잉여금 ₩10,000,000의 1/2인 ₩5,000,000을 주식배당할 수 있다.

48 다음 중 이익잉여금처분계산서에 표시될 수 없는 항목은?

① 배당건설이자 ② 이익준비금
③ 임의적립금이입액 ④ 보험차익

49 상법 상 법정적립금으로 매 결산기 금전에 의한 이익배당액의 10분의 1 이상을 적립해야 하는 금액을 무엇이라 하는가?

① 기업합리과적립금 ② 재무구조개선적립금
③ 감채적립금 ④ 이익준비금

50 '이월결손금 ₩40,000,000을 보전하기 위하여 액면 ₩10,000의 10,000주를 무상으로 1주액면 ₩5,000의 주식으로 변경하였다'의 옳은 분개는?

	차변		대변	
①	〈차〉 자본금	₩50,000,000	〈대〉 이월결손금	₩40,000,000
			감자차익	₩10,000,000
②	〈차〉 자본금	₩40,000,000	〈대〉 이월결손금	₩40,000,000
③	〈차〉 자본금	₩50,000,000	〈대〉 이월결손금	₩40,000,000
			주식발행초과금	₩10,000,000
④	〈차〉 이월결손금	₩50,000,000	〈대〉 자본금	₩50,000,000

ANSWER | 48.④ 49.④ 50.①

48 ④ 보험차익은 특별이익으로서 손익계산서에 표시한다.

49 이익준비금에 대한 설명이다.

50 형식적 감자로서 주식의 절사의 경우 기발행된 주식의 액면가액을 감소시키는 형태가 된다. 감소된 액면가액(자본금)에 해당하는 금액을 주주에게 환급하지 않고 이월결손금을 보전하고 주금액의 절사에서 감소되는 자본금이 제거되는 이월결손금보다 많은 경우에는 그 차액을 감자차익으로 계상한다.

51 퇴직금과 관련된 다음 자료를 기초로 손익계산서에 표시할 퇴직급여를 구하면?

연도 \ 구분	퇴직금지급액	기말퇴직금 총추계액
2024년	₩30,000,000	₩250,000,000
2025년	₩40,000,000	₩350,000,000

① ₩90,000,000
② ₩110,000,000
③ ₩140,000,000
④ ₩180,000,000

52 다음 중 결손금 보전순서로 옳은 것은?

㉠ 이익준비금
㉡ 이월이익잉여금
㉢ 자본잉여금
㉣ 기타법정적립금
㉤ 임의적립금

① ㉡ - ㉢ - ㉠ - ㉣ - ㉤
② ㉡ - ㉤ - ㉠ - ㉢ - ㉣
③ ㉡ - ㉤ - ㉣ - ㉠ - ㉢
④ ㉢ - ㉠ - ㉣ - ㉤ - ㉡

53 다음 중 자본조정의 과목이 아닌 것은?

① 주식할인발행차금
② 주식발행초과금
③ 감자차손
④ 자기주식처분손실

ANSWER | 51.③ 52.③ 53.②

51 350,000,000(기초퇴직금 총추계액) − 250,000,000(기말퇴직금 총추계액) − 40,000,000(퇴직금지급액) = ₩140,000,000

52 결손금처리순서는 대차대조표 상 자본잉여금과 이익잉여금 배열순서의 역순이다.

53 자본조정의 과목으로는 주식할인발행차금, 감자차손, 자기주식처분손실, 자기주식, 매도가능증권평가이익(손실) 등이 있다.
② 주식발행초과금은 자본잉여금에 해당한다.

54 다음 설명으로 옳지 않은 것은?

① 주식발행초과금은 주식발행가액이 액면가액을 초과한 금액으로 자본잉여금 항목이다.
② 주식발행가액이란 주식발행대금에서 신주발행비를 차감한 순 현금 유입액을 의미한다.
③ 감자차익은 감자 시의 주금반환액(상환가액)이 액면가액(자본금감소액)에 부족한 경우의 그 부족액을 말한다.
④ 자본잉여금은 주주에 대한 배당재원이 부족한 경우 배당재원으로 사용할 수 있다.

55 이익준비금은 법정적립금으로 매기마다 주주에게 배당하는 현금배당액의 (㉠) 이상, 자본금의 (㉡)에 달할 때까지 적립한다. ㉠㉡에 들어갈 것은?

① ㉠ 1/20, ㉡ 1/4
② ㉠ 1/20, ㉡ 1/2
③ ㉠ 1/10, ㉡ 1/4
④ ㉠ 1/10, ㉡ 1/2

56 다음의 자료와 회계등식을 이용하여 계산한 기말자본총계는?

- 기초자산 ₩30,000,000
- 기초부채 ₩18,000,000
- 기말부채 ₩19,000,000
- 총수익 ₩20,000,000
- 총비용 ₩17,000,000

① ₩6,000,000
② ₩9,000,000
③ ₩12,000,000
④ ₩15,000,000

ANSWER | 54.④ 55.④ 56.④

54 자본잉여금은 자본금으로 전입(무상증자)하거나 결손보전 이외의 목적으로는 사용할 수 없다. 즉, 자본잉여금은 어느 경우이든 배당의 재원으로 사용할 수는 없다.

55 이익준비금은 상법의 규정에 의하여 적립되는 금액으로 자본금의 1/2에 달할 때까지 매 결산기에 금전에 의한 이익배당액의 1/10 이상을 적립하여야 한다. 자본금의 1/2를 초과하여 설정할 수는 없다.

56 총손익 = 수익 − 비용'으로 ₩3,000,000이다. 기초순자산(자본)은 30,000,000 − 18,000,000 = ₩12,000,000이므로 기말순자산(자본)은 ₩15,000,000이다.

57 "㈜ 빛더미"는 20X2년 초 ₩720,000에 구축물을 취득(내용연수 5년, 잔존가치 ₩20,000 정액법 상각)하였으며, 내용연수의 종료 시점에서 이를 해체해 원상복구를 해야 하는 의무가 있다. 20X2년 초 복구비용의 현재가치는 ₩124,180으로 추정되며 이는 충당부채의 요건을 충족한다. 복구비용의 현재가치 계산에 적용한 할인율이 10%일 경우에 옳지 않은 것을 고르면?

① 20X2년 말 인식할 비용의 총액은 ₩156,418이다.

② 20X2년 말 복구충당부채는 ₩136,598이다.

③ 20X2년 말 복구충당부채전입액은 ₩12,418이다.

④ 20X2년 초 구축물의 취득원가는 ₩844,180이다.

ANSWER | 57.①

57
- 20X2년 초 구축물의 취득원가 : ₩720,000 + ₩124,180 = ₩844,180
- 20X2년 말 복구충당부채전입액 : ₩124,180 × 0.1 = ₩12,418
- 20X2년 말 복구충당부채 : ₩124,180 + ₩12,418 = ₩136,598
- 20X2년 말 감가상각비 : (₩844,180 − ₩20,000) × $\frac{1}{5}$ = ₩164,836
- 20X2년 말 인식할 비용 총액 : ₩164,836 + ₩12,418 = ₩177,254

CHAPTER

05 수익과 비용, 회계변경과 오류수정

1 수익과 관련된 내용으로 옳지 않은 것은?

① 대금지급약정이 실질적으로 자금대여거래에 해당하는 경우, 그 대가의 공정가치는 미래 총수취액을 내재이자율로 할인하여 결정한다.
② 수익은 받았거나 받을 대가의 공정가치로 측정한다.
③ 재화를 판매하고 동시에 당해 재화를 나중에 재구매하기로 하는 별도의 약정을 체결함으로써 판매거래의 실질적 효과가 상쇄되는 경우에 두 개의 거래를 하나의 거래로 보아 회계처리한다.
④ 배당수익은 주주로서 배당지급기일에 인식한다.

2 다음에서 제시하고 있는 계정과목이 속한 수익과 비용의 분류영역은?

- 신문광고료
- 사무실, 건물 등에 대한 임차료
- 종업원을 위한 복리시설비, 후생비

① 매출원가
② 판매관리비
③ 특별손실
④ 영업 외 비용

ANSWER | 1.④ 2.②

1 ④ 배당수익은 배당금을 받을 권리와 금액이 확정된 날에 수익으로 인식한다.

2 광고선전비, 사무실 임차료, 복리후생비는 판매비와 일반관리비이다.

3 한국채택국제회계기준에 매출규정 된 수익인식에 관한 설명 중 옳지 않은 것은?

① 장기할부매출은 판매기준에 의하여 수익을 인식하고 이자상당액은 현금회수금액의 비율에 따라 인식한다.
② 장기예약매출 및 장기용역매출은 진행기준에 의하여 수익을 인식한다.
③ 위탁매출은 수탁자가 위탁품을 판매한 날에 실현되는 것으로 한다
④ 시용매출액은 매입자가 매입의사를 표시한 날에 실현되는 것으로 한다.

4 영호건설은 2023년에 장기도급공사계약을 체결하고 공사에 착수하였다. 공사진행기준을 적용하고 있는 이 공사와 관련된 자료는 아래와 같다. 2024년 인식할 공사손익은?

- 공사도급금액 : ₩20,000,000
- 예정공사원가 : ₩16,000,000
- 각 연도별 공사자료

	2023년	2024년	2025년
누적발생원가	₩4,000,000	₩10,000,000	₩20,000,000
완성시까지추정추가원가	₩12,000,000	₩10,000,000	₩0

① 공사손실 ₩200,000
② 공사손실 ₩1,000,000
③ 공사이익 ₩1,000,000
④ 공사이익 ₩4,000,000

ANSWER | 3.① 4.②

3 ① 할부매출은 원칙적으로 인도기준을 따르나, 장기할부매출은 현재가치로 평가하고 이자상당액은 유효이자율법을 적용하여 이자수익으로 계상한다.

4 진행률

2023년	2024년	2025년
25%	50%	100%

㉠ 2023년 공사손익
공사수익 : 20,000,000 × 25% = 5,000,000
공사원가 : 4,000,000
1,000,000

㉡ 2024년 공사손익
공사수익 : 20,000,000 × 50% − 5,000,000 = 5,000,000
10,000,000 − 4,000,000 = 6,000,000

5 (주)서원은 20X1년 1월 1일에 (주)영호의 사옥을 신축하기로 계약을 체결하였다. 총공사계약금액은 ₩600,000이었으며, 공사가 완료된 20X3년까지 사옥의 신축과 관련된 자료는 다음과 같다. (주)서원이 수익인식에서 공사진행기준을 적용할 경우 20X3년의 공사이익은 얼마인가?

	20X1	20X2	20X3
실제발생누적공사원가	₩80,000	₩225,000	₩460,000
추가소요액추정치	₩320,000	₩225,000	₩0
총공사원가추정치	₩400,000	₩450,000	₩460,000
공사중도금청구액	₩200,000	₩300,000	₩100,000

① ₩35,000
② ₩40,000
③ ₩65,000
④ ₩100,000

6 결산결과 순이익 ₩391,000이 산출되었으나, 다음과 같은 누락사항을 발견하였다. 수정 후 순이익은 얼마인가?

보험료선급액	₩12,000
이자선수액	₩7,000
임차료미지급액	₩15,000
소모품비로 처리한 소모품미사용액	₩3,000

① ₩372,000
② ₩384,000
③ ₩392,000
④ ₩395,000

ANSWER | 5.③ 6.②

5 20X3년 공사이익 = 600,000 × (1−0.5) − (460,000−225,000) = 65,000

6 ㉠ 손익의 결산정리항목 : 수익의 이연(선수수익), 비용의 이연(선급비용), 수익의 발생(미수수익), 비용의 발생(미지급비용)항목 등이 있다.
㉡ 수정분개후 당기순이익 = 391,000 + 12,000 − 7,000 − 15,000+3,000 = 384,000

7 (주)서원은 2022년 1월 공사기간 3년 예정인 교량건설공사를 총도급금액 ₩5,000에 수주하였다. 계약 당시 공사의 총소요원가는 ₩4,000으로 추정되었으며, 실제공사원가는 2022년도와 2023년에 각각 ₩1,500씩 발생하였다. 그러나 2024년 말에 회사는 예상치 못한 공법상의 문제가 있음을 발견하였다. 그 결과 공사는 2025년에 가서야 완성되고 2025년 공사는 ₩1,300이 발생할 것으로 추정되었다. 2024년 중 실제공사원가는 ₩2,200이 발생하였다. 회사는 진행기준을 적용하여 회계처리한다. (주)서원이 2024년에 보고하게 될 공사손실 충당금전입액과 관련하여 올바른 보고방법은?

① ₩300을 영업외비용 혹은 특별손실로 보고한다.
② ₩300을 공사원가에 가산하여 보고한다.
③ ₩1,950을 공사원가에 가산하여 보고한다.
④ ₩1,950을 영업외비용 혹은 특별손실로 보고한다.

8 다음 중 당기순이익에 영향을 미치는 거래는?

① 만기보유채권을 만기보유 이외의 채권으로 재분류하였다.
② 자기주식을 처분하였다.
③ 회수불능채권이 발생하였다.
④ 자기사채를 취득하였다.

ANSWER | 7.② 8.④

7 년도별 공사진행률 계산

구분	2022년	2023년	2024년	2025년
실제발생누적원가	₩1,500	₩3,000	₩5,200	₩6,500
추가예상원가	₩2,500	₩1,000	₩1,300	
총예정원가	₩4,000	₩4,000	₩6,500	
진행률	37.5%	75%	80%	100%

2024년 공사수익 : 5,000 × (0.8 − 0.75) = ₩250
2024년 공사원가 : 5,200 − 3,000 = △2,200
2024년 공사손실충당금전입액 △300
2024년 공사이익 △2,250
2025년 예상손실 = 5,000 × (1 − 0.8) − 1,300 = △300

8 ④ 자기사채를 취득한 경우에는 사채상환손익을 인식한다.

9 서원상사의 회계기간은 1월 1일부터 12월 31일까지이며 당기의 관련 자료가 다음과 같을 때 주당순이익은 얼마인가?

> 당기순이익 : ₩1,500,000
> 보통주자본금 : ₩5,000,000(주당 액면가 ₩5,000)
> 우선주배당금 : ₩500,000

① ₩1,000/주
② ₩1,500/주
③ ₩2,000/주
④ ₩500/주

10 기술용역과 기술자문을 수행하고 있는 (주)한국의 1개월 동안의 현금주의에 의한 당기순이익(순현금유입액)은 ₩500,000이다. 3월 초와 말의 미수수익, 선수수익, 미지급비용 및 선급비용 내역이 다음과 같을 때 발생기준에 의한 당기순이익은?

	3월 1일	3월 31일
미수수익(기술용역료)	₩53,000	₩48,000
선수수익(기술자문료)	₩65,000	₩35,000
미지급비용(일반관리비)	₩24,000	₩34,000
선급비용(급여)	₩21,000	₩36,000

① ₩530,000
② ₩525,000
③ ₩520,000
④ ₩470,000

ANSWER | 9.① 10.①

9 ㉠ 보통주당기순이익 : ₩1,500,000 − ₩500,000 = ₩1,000,000
㉡ 유통보통주식수 : ₩5,000,000 ÷ ₩5,000 = 1,000주
㉢ 주당순이익 : ₩1,000,000 ÷ 1,000주 = ₩1,000/주

10

발생주의 당기순이익(X)	530,000
가감	
미수수익 감소(증가)	5,000
선수수익 증가(감소)	(30,000)
미지급비용 증가(감소)	10,000
선급비용 감소(증가)	(25,000)
현금주의 당기순이익	500,000

11 다음 자료의 수정사항이 누락된 결과 당기순이익이 ₩120,000이 있다면 정확한 당기순이익은?

감가상각액	₩50,000	대손추정액	₩10,000
보험료미경과액	₩10,000	수수료선수액	₩20,000
미수이자익	₩30,000	급여미지급액	₩40,000

① ₩20,000
② ₩40,000
③ ₩50,000
④ ₩60,000

12 다음과 같은 항목을 포함하는 거래가 회계처리되지 않아 장부에서 누락되었을 경우, 이것이 순이익에 미치는 영향은?

- 선 급 보 험 료 ₩120,000
- 미지급임차료 ₩300,000
- 선수수익의실현 ₩450,000
- 매입채무지급 ₩250,000
- 매출채권회수 ₩500,000

① 순이익 ₩270,000 증가
② 순이익 ₩270,000 감소
③ 순이익 ₩520,000 증가
④ 순이익 ₩520,000 감소

ANSWER | 11.② 12.①

11 수정분개 후 당기순이익 : 120,000 − 50,000 − 10,000 + 10,000 − 20,000 + 30,000 − 40,000 = 40,000

12 누락된 회계처리는 다음과 같다.

㉠ 〈차〉 선급보험료 120,000 〈대〉 보 험 료 120,000 → 순이익 증가
㉡ 〈차〉 임 차 료 300,000 〈대〉 미지급임차료 300,000 → 순이익 감소
㉢ 〈차〉 선 수 수 익 450,000 〈대〉 수 익 450,000 → 순이익 증가
㉣ 〈차〉 매 입 채 무 250,000 〈대〉 현 금 250,000 → 순이익 불변
㉤ 〈차〉 현 금 500,000 〈대〉 매 출 채 권 500,000 → 순이익 불변
∴ 120,000 − 300,000 + 450,000 = 270,000(순이익 증가)

13 현재의 순이익은 ₩1,000,000이다. 다만 다음의 사항들은 전혀 고려하지 않았다. 이러한 사항들을 정확히 고려하고 난 뒤의 올바른 순이익을 구하면?

- 감가상각비 ₩50,000
- 매출채권회수 ₩100,000
- 매입채무지급 ₩150,000
- 선급보험료 ₩250,000

① ₩950,000
② ₩1,050,000
③ ₩1,150,000
④ ₩1,200,000

14 다음 자료에 의해 기말자본, 총수익, 순손익을 계산하면?

- 기초자본 ₩100,000
- 기말부채 ₩120,000
- 기말자산 ₩250,000
- 총비용 ₩50,000

	기말자본	총수익	순손익
①	₩130,000	₩80,000	₩30,000
②	₩130,000	₩130,000	₩50,000
③	₩150,000	₩80,000	₩30,000
④	₩150,000	₩130,000	₩50,000

ANSWER | 13.④ 14.①

13 〈차〉 감가상각비 50,000 〈대〉 감가상각누계액 50,000 → 순이익감소
〈차〉 매 입 채 무 150,000 〈대〉 현 금 150,000 → 순이익불변
〈차〉 현 금 100,000 〈대〉 매 출 채 권 100,000 → 순이익불변
〈차〉 선급보험료 250,000 〈대〉 보 험 료 250,000 → 순이익증가
∴ 순이익 : 1,000,000 − 50,000 + 250,000 = ₩1,200,000

14 당기순이익 = (기말자산 − 기말부채) − (기초자본 + 추가출자 − 자본의 환급)
= (250,000 − 120,000) − 100,000 = 30,000
수익 − 비용 = 당기순이익
$x - 50,000 = 30,000$
$\therefore x = 80,000$
당기순이익 = 기말자본 − 기초자본
$30,000 = y - 100,000$
$\therefore y = 130,000$

15 다음 자료에 의할 때 ㉠, ㉡, ㉢에 알맞은 금액은?

기말자산	기말부채	기말자본	기초자본	총비용	총수익	순이익
₩1,200,000	㉠	₩650,000	₩400,000	₩550,000	㉡	㉢

	㉠	㉡	㉢
①	₩500,000	₩850,000	₩250,000
②	₩550,000	₩800,000	₩250,000
③	₩550,000	₩750,000	₩300,000
④	₩500,000	₩800,000	₩300,000

16 (주)서원은 3년 보증수리조건으로 가전제품을 판매하고 있다. 보증계약에 의한 수리방문은 독립된 수선업체에 의해 행하여지고 있다. 과거 경험에 의할 때 수리비용은 판매한 기계 1대당 ₩30,000으로 추정된다. (주)서원이 보증수리비용을 인식하는 시기로서 옳은 것은?

① 보증기간에 평균배분
② 수리방문이 행하여진 때
③ 수선업체에서 수리비가 지불된 때
④ 가전제품이 판매된 때

ANSWER | 15.② 16.④

15 ㉠ 기말부채 : 1,200,000(기말자산) − 650,000(기말자본) = 550,000

㉡ 총수익 : 250,000(순이익) + 550,000(총비용) = 800,000

㉢ 순이익 : 650,000(기말자본) − 400,000(기초자본) = 250,000

※ 위의 계산식에서는 ㉢순이익을 먼저 구해야만 ㉡총수익을 구할 수 있다.

16 충당부채란 당기의 수익에 대응하는 비용으로서 장래에 지출될 것이 확실한 것과 당기의 수익에서 차감되는 것이 합리적인 것에 대하여 그 금액을 추산하여 계상되는 부채를 말한다. 따라서 가전제품의 판매(즉, 매출)에 대응하여 보증수리비를 계상하여야 하므로 가전제품이 판매된 때 인식하는 것이 수익 · 비용 대응원칙에 적합하다.

17 다음 자료에서 매출총이익 금액을 계산하면?

• 상품총매출액	₩720,000	• 매출할인액	₩70,000
• 상품매입액	₩560,000	• 매입에누리액	₩50,000
• 기초상품재고액	₩50,000	• 기말상품재고액	₩10,000

① ₩100,000　② ₩120,000
③ ₩150,000　④ ₩160,000

18 A회사의 20X1년 중 자료는 기초재고 400,000개, 당기매입액 ₩6,000,000, 총매출액 ₩8,100,000, 매출할인 ₩100,000, 장부상 기말재고액 2,000개 @100 실사된 수량 1,600개 @90이다. A회사는 저가주의로 평가하고 이로 인한 평가손은 전액 영업외 비용으로 계상하며, 실사감모수량 중 300개는 원가성이 있는 것으로 본다. A회사의 20X1년 중 매출총이익은?

재고자산

기초	₩400,000	매출원가	₩6,230,000
매입	₩6,000,000	재고자산평가손실	₩26,000
		기말	₩144,000
	₩6,400,000		₩6,400,000

① ₩1,570,000　② ₩1,600,000
③ ₩1,670,000　④ ₩1,770,000

ANSWER | 17.① 18.④

17 제시된 자료를 통해 매출총이익을 계산하면 다음과 같다.
㉠ 순매출액 : 720,000 − 10,000 = ₩650,000
㉡ 매출원가 : 50,000 + (560,000 − 50,000) − 10,000 = ₩550,000
㉢ 매출총이익 : 순매출액 − 매출원가 = ₩100,000

18 매출총이익 = (8,100,000 − 100,000) − 6,230,000 = ₩1,770,000

19 다음 손익계정의 기입된 내용을 참고로 하여 판매비와 관리비를 계산하면?

손익

매입	₩60,000	매출	₩200,000
급여	₩40,000		
복리후생비	₩20,000		
감가상각비	₩10,000		
이자비용	₩15,000		
기부금	₩25,000		
자본금	₩30,000		
	₩200,000		₩200,000

① ₩70,000
② ₩110,000
③ ₩120,000
④ ₩130,000

20 다음 자료를 보고 영업이익을 계산하면?

- 매출총이익 ₩800,000
- 대손상각비 ₩100,000
- 소모품 ₩50,000
- 급여 ₩300,000
- 접대비 ₩20,000
- 퇴직급여 ₩40,000

① ₩290,000
② ₩340,000
③ ₩360,000
④ ₩500,000

ANSWER | 19.① 20.②

19 ① 판매관리비에는 급여, 복리후생비, 감가상각비 등이 포함되므로 40,000 + 20,000 + 10,000 = ₩70,000이다.

20 영업이익 = 매출총이익 − 판매비와관리비
₩340,000 = 800,000 − 300,000 − 100,000 − 20,000 − 40,000

21 다음 제시된 자료를 보고 영업이익을 구하면?

• 기초상품재고액	₩20,000	• 매입액	₩150,000
• 매입환출	₩5,000	• 매출액	₩200,000
• 급여	₩15,000	• 광고선전	₩10,000
• 유형자산처분이익	₩10,000	• 기말상품재고액	₩22,000

① ₩25,000　　② ₩32,000
③ ₩36,000　　④ ₩57,000

22 영업외수익에 속하는 계정을 다음에서 모두 고르면?

㉠ 단기매매금융자산처분이익　　㉡ 채무면제이익
㉢ 임대료　　㉣ 매출액

① ㉠㉣　　② ㉠㉢
③ ㉡㉢　　④ ㉡㉣

ANSWER | 21.② 22.②

21 영업이익 = 매출액 − 매출원가 − 판매비와관리비
약식 손익계산서는 다음과 같다.

기초상품재고액	20,000	매입환출	5,000
매입액	150,000	매출액	200,000
급여	15,000	기말상품재고액	22,000
광고선전비	10,000		
영업이익	32,000		
	227,000		227,000

22 ② 단기매매금융자산처분이익과 임대료는 영업외수익항목이다.

23 연말 불우이웃돕기 성금으로 판매용 의류를 동사무소에 기약하였을 때에 회계처리하는 비용계정은?

① 잡손실
② 자산수증이익
③ 임대료
④ 기부금

24 (주)조달의 2024년도 법인세비용차감전 순이익은 ₩10,000,000, 자기주식처분이익은 ₩800,000이다. 자기주식처분이익 이외의 회계이익과 과세소득의 차이는 없으며 세율은 40%이다. 손익계산서상 법인세비용을 계산하면?

① ₩3,420,000
② ₩3,620,000
③ ₩4,320,000
④ ₩4,500,000

25 다음 중 영업이익의 구성요소에서 제외하여야 할 것으로 묶인 것은?

㉠ 퇴직급여	㉡ 무형자산상각비
㉢ 배당금수익	㉣ 대여금에 대한 대손상각비
㉤ 비품의 감가상각비	㉥ 기부금

① ㉠㉡㉢
② ㉡㉢㉤
③ ㉢㉣㉥
④ ㉣㉤㉥

ANSWER | 23.④ 24.③ 25.③

23 ④ 불우이웃돕기성금은 기부금계정이다.

24 회계처리
〈차〉 법인세비용 ₩4,320,000 〈대〉 미지급법인세 ₩4,320,000
〈차〉 자기주식처분이익 ₩320,000 〈대〉 법인세비용 ₩320,000
법인세비용 = 4,320,000 − 320,000 = ₩4,000,000
(10,000,000 + 800,000) × 40% = ₩4,320,000
800,000 × 40% = ₩320,000

25 배당금 수익은 기타수익, 대여금에 대한 대손상각비와 기부금은 기타비용이다.

26 다음 중 영업외수익에 해당하는 것은?

① 자기주식처분이익
② 상품매출
③ 이자수익
④ 감자차익

27 다음 중 판매비와 관리비에 해당되는 세금과 공과금 계정과목으로 처리되지 않는 항목은?

① 법인세 중간예납세액을 납부하는 경우
② 직원에 대하여 사업주가 부담하는 국민연금을 납부하는 경우
③ 업무용 차량에 대해 자동차세를 납부하는 경우
④ 공장건물 보유 중 재산세를 납부하는 경우

28 다음의 거래에서 수익으로 인식될 수 있는 거래를 모두 고른 것은?

㉠ 외상매출금 회수액이 당좌예금 통장에 입금되었다. ㉡ 단기대여금에 대한 이자가 보통예금 통장에 입금되었다. ㉢ 단기매매금융자산을 장부가액 보다 초과하여 매각하고 대금은 보통예금 통장에 입금되었다.

① ㉠, ㉢
② ㉠, ㉡
③ ㉡, ㉢
④ ㉠, ㉡, ㉢

ANSWER | 26.③ 27.① 28.③

26 영업이익(상품매출), 자본잉여금(자기주식처분이익, 감자차익)

27 ① 법인세 중간예납세액은 '선납세금'으로 회계처리 한다.

28 ㉠ 외상매출금 회수액이 당좌예금 통장에 입금되었을 경우에는 수익이 발생하지 않는다.

29 다음 중 용역제공으로 인한 수익인식요건이 아닌 것은?

① 거래 전체의 수익금액을 신뢰성 있게 측정할 수 있다.
② 경제적 효익의 유입가능성이 매우 높다.
③ 진행률을 신뢰성 있게 측정할 수 있다.
④ 이미 발생한 원가와 거래를 완료하기 위해 완료기준으로 인식한다.

30 다음은 수익인식에 관한 설명이다. 옳지 않은 것은?

① 이자수익은 계약에 따라 받게될 금액이 사전에 결정되면 시간의 경과에 따라 수익이 발생하므로, 유효이자율을 적용하여 발생기준에 따라 인식한다.
② 배당금수익은 수익금액을 사전에 결정하기 어렵기 때문에 배당금을 받을 권리와 금액이 확정되는 시점에 인식한다.
③ 로열티수익은 관련된 계약의 경제적 실질을 반영하여 발생기준에 따라 인식한다.
④ 할부매출은 발생주의에 의해 수익을 인식한다.

31 회계정책이나 회계추정의 변경과 관련된 설명으로 옳지 않은 것은?

① 측정기준의 변경은 회계추정의 변경이 아니라 회계정책의 변경에 해당한다.
② 유형자산에 대한 감가상각방법의 변경은 회계추정의 변경으로 간주한다.
③ '일반적으로 인정되는 회계원칙'이 아닌 회계정책에서 '일반적으로 인정되는 회계원칙'의 회계정책으로의 변경은 오류수정이다.
④ 소급법은 재무제표의 신뢰성은 유지되지만 비교가능성이 상실된다.

ANSWER | 29.④ 30.④ 31.④

29 ④ 이미 발생한 원가와 거래를 완료하기 위해 신뢰성 있게 측정할 수 있을 때 진행기준에 따라 인식한다.

30 ④ 할부매출은 인도하는 시점에서 수익을 인식한다.

31 소급법은 재무제표의 비교가능성은 유지되지만 신뢰성이 상실된다.

32 다음 중 회계변경의 종류가 아닌 것은?

① 회계정책의 변경
② 회계추정의 변경
③ 보고실체의 변경
④ 평가방법의 변경

33 한국채택국제회계기준에서의 회계정책의 변경과 관련된 내용 중 옳지 않은 것은?

① 한국채택국제회계기준에서 회계정책 변경을 요구하는 경우 회계정책의 변경이 허용된다.
② 회계정책 변경을 반영한 재무제표가 재무상태, 재무성과 또는 현금흐름에 미치는 영향에 대하여 신뢰성 있고 더 목적적합한 정보를 제공하는 경우 회계정책의 변경이 허용된다.
③ 과거에 발생한 거래와 실질이 다른 거래, 기타 사건 또는 상황에 대하여 다른 회계정책을 적용하는 경우 회계정책변경에 해당한다.
④ 과거에 발생하지 않았거나 발생하였어도 중요하지 않았던 거래, 기타사건 또는 상황에 대하여 새로운 회계정책을 적용하는 경우 회계정책변경에 해당하지 않는다.

34 다음 중 회계정책의 변경이 아닌 것은?

① 재고자산 평가방법의 변경
② 유가증권 취득단가산정방법
③ 장기대금공사의 수익실현방법변경
④ 개별재무제표를 연결 또는 결합재무제표로 변경

ANSWER | 32.④ 33.③ 34.④

---

32 회계변경의 종류 … 회계정책의 변경, 회계추정의 변경, 보고실체의 변경

33 ③ 과거에 발생한 거래와 실질이 다른 거래, 기타 사건 또는 상황에 대하여 다른 회계정책을 적용하는 경우 회계정책변경에 해당하지 않는다.

34 ④ 보고실체의 변경이다.

35 장부를 마감하기 전에 발견한 오류 중 당기순이익에 영향을 미치는 항목은?

① 매도가능금융자산에 대한 평가이익을 계상하지 않았다.
② 자기주식처분이익을 과소계상하였다.
③ 매각예정으로 분류하였으나 중단영업 정의를 충족하지 않는 비유동자산을 재측정하여 인식하는 평가손익을 중단영업손익에 포함하였다.
④ 원가모형을 적용하는 유형자산의 손상차손을 계상하지 않았다.

36 다음 중 전기손익수정의 대상이 되는 회계상의 오류에 포함되지 않는 것은?

① 사실의 누락
② 회계기준의 변경
③ 사실의 오용
④ 계산상의 차질

37 기말수정분개없이 결산을 한 결과 당기순이익이 ₩150,000이었는데, 여기에 선급보험료 ₩5,000, 미지급급료 ₩10,000, 선수이자 ₩6,000, 미수수수료 ₩4,000을 추가하여 계산할 경우 수정후 당기순이익은?

① ₩143,000
② ₩145,000
③ ₩146,000
④ ₩155,000

38 당기에 현금으로 수입된 수익은 일단 수익계정으로 처리하고 결산시에 그 수익 중 차기에 속하는 부분을 계산하여 당기의 수익계정에서 차감하는 선수금의 성질을 가진 일종의 부채로 차기로 이월하는 것을 무엇이라 하는가?

① 비용의 이연
② 수익의 이연
③ 수익의 발생
④ 비용의 발생

ANSWER | 35.④ 36.② 37.① 38.②

35 ①②③은 모두 자본항목에 영향을 미치므로 당기순이익과 관련이 없다.

36 ①③④ 오류수정으로 전기오류수정손익으로 처리한다.
② 회계기준의 변경은 기업회계기준에 따르면 소급법을 적용하고 전기이월이익잉여금으로 처리한다.

37 수정분개 후 당기순이익 = 150,000 + 5,000 − 10,000 − 6,000 + 4,000 = ₩143,000

38 현금주의를 발생주의로 손익의 결산정리에 대한 설명으로 수익의 이연에 대해서 설명하고 있다.

| 39~40 | 회사는 2025년에 장기건축계약의 회계처리방법을 완성기준에서 공사진행기준으로 변경하였다. 조세 목적상 완성기준을 계속 적용할 것이며 회계변경에 관한 자료는 다음과 같다.

39 다음은 세차감전이익표이다. 법인세율을 40%로 가정하면 2025년도에 보고될 순이익은?

연도	공사진행기준	완성기준	차이
2024년	₩1,500,000	₩1,300,000	₩200,000
2025년	₩1,400,000	₩1,100,000	₩300,000

① ₩500,000
② ₩560,000
③ ₩600,000
④ ₩840,000

40 회계원칙의 변경에 수정분개를 표시한 것으로 옳은 것은?

① 〈차〉 미완성공사 ₩200,000 〈대〉 이연법인세 ₩80,000
이익잉여금 ₩120,000
② 〈차〉 미완성공사 ₩200,000 〈대〉 이연법인세 ₩120,000
이익잉여금 ₩80,000
③ 〈차〉 미완성공사 ₩200,000 〈대〉 이연법인세 ₩200,000
④ 〈차〉 미완성공사 ₩120,000 〈대〉 이익잉여금 ₩120,000

41 수익과의 인과관계적 대응이 가능한 비용만으로 구성된 것은?

① 소모품비, 감가상각비, 운반비
② 지급임차료, 대손상각
③ 재고감모손, 보험료, 포장비
④ 포장비, 판매수수료, 매출원가

ANSWER | 39.④ 40.① 41.④

39 1,400,000(법인세차감전순이익) − {1,400,000 × 40%(법인세)} = ₩840,000(당기순이익)

40 ① 2024년 차이를 이익잉여금에 반영하되 40%이연법인세를 계상하고 나머지를 이익잉여금에 반영한다.

41 비용의 인식기준으로서 수익과의 직접적인 인과관계가 있는 비용을 수익에 대응시키는 것으로서 매출액과 매출원가, 매출액과 판매수수료, 매출액과 판매보증비용, 매출액과 포장비 등이 있다.

42 다음은 당기순이익을 구하는 과정이다. 빈칸에 들어갈 단어로 적당한 것은?

> • 순매출액 − (기초재고 + (㉠) − 기말재고) = 매출총손익
> • 매출총손익 − 판매비와 관리비 = (㉡)
> • (㉡) + 영업외수익 − 영업외비용 = 경상손익
> • 경상손익 + 특별이익 − (㉢) = 법인세비용차감전순이익
> • 법인세비용차감전순손익 − (㉣) = 당기순손익

① ㉠ 당기순매입, ㉡ 영업손익, ㉢ 특별손실, ㉣ 법인세비용
② ㉠ 당기총매입, ㉡ 매출원가, ㉢ 특별손실, ㉣ 법인세비용
③ ㉠ 당기총매입, ㉡ 매출원가, ㉢ 특별손실, ㉣ 세금과공과
④ ㉠ 당기순매입, ㉡ 영업손익, ㉢ 특별손실, ㉣ 세금과공과

43 서원실업의 20×3년도와 20×4년도 회계기말에 다음과 같은 재고자산오류가 있는 것을 20×5년도 발견하였다. 이 자료를 이용할 때 20×4년 12월 31일 이익잉여금에 대한 오류총액은? (단, 법인세비용은 무시함)

> 기말상품재고액
> 20×3년 12월 31일 ₩800,000 과대평가
> 20×4년 12월 31일 ₩500,000 과소평가

① ₩300,000원 과소계상
② ₩300,000원 과대계상
③ ₩500,000원 과소계상
④ ₩800,000원 과소계상

ANSWER | 42.① 43.③

42 매출총손익 − 영업손익 − 경상손익 − 법인세비용차감전순이익 − 당기순손익의 순서로 구하는 과정에 관한 문제이다.

43 기말재고자산 과소 → 매출원가 과대 → 당기순이익 과소
재고자산오류는 자동조정적 오류로서 두 회계기간을 거쳐 상쇄된다. 따라서 20×4년의 기말재고 과소가 이익잉여금 ₩500,000만큼 과소계상시킨다.

44 다음 빈 칸의 내용으로 가장 적합한 것은?

> • 선급비용이 (㉮)되어 있다면 당기순이익은 과소계상된다.
> • 미수수익이 (㉯)되어 있다면 당기순이익은 과소계상된다.

	㉮	㉯
①	과대계상	과소계상
②	과대계상	과대계상
③	과소계상	과대계상
④	과소계상	과소계상

ANSWER | 44.④

44 • 선급비용이 과소계상되어 있다면 비용이 과대계상되므로 당기순이익은 과소계상된다.
• 미수수익이 과소계상되어 있다면 수익이 과소계상되므로 당기순이익은 과소계상된다.

리스회계, 법인세회계, 현금흐름표

1 다음은 리스회계처리기준에 대한 설명이다. 옳지 않은 것은?

① 리스라 함은 리스회사가 특정자산의 사용권을 일정기간 동안 리스이용자에게 이전하고, 리스이용자는 그 대가로 사용료를 리스회사에게 지급하는 계약을 말한다.
② 리스실행일은 리스료가 최초로 기산되는 날을 말한다.
③ 리스기간이라 함은 리스실행일로부터 리스자산 소유권이전일을 말한다.
④ 조정리스료란 기본리스료보다 증가 또는 감소되는 차액을 말한다.

2 다음은 리스회계처리기준에 대한 설명이다. 옳지 않은 것은?

① 염가구매선택권이라 함은 리스이용자의 선택에 따라 리스이용자가 당해 자산을 구매선택권 행사가능일 현재의 공정한 평가액보다 현저하게 낮은 가액으로 구매하거나 계약을 갱신할 수 있는 권리를 말한다.
② 공정가액이란 리스실행일 현재 리스이용자가 합리적으로 판단한 가액을 말한다.
③ 무보증잔존가액이라 함은 리스실행일 현재 추정된 리스자산의 잔존가액 중에서 리스이용자 등이 지급을 보증하지 아니한 금액을 말한다.
④ 내재이자율이라 함은 리스실행일 현재 기본리스료와 무보증잔존가액의 합계액을 리스자산의 공정가액과 일치시키는 할인율을 말한다.

ANSWER | 1.③ 2.②

1 ③ 리스기간이라 함은 리스실행일로부터 리스계약종료시점까지의 기간을 말한다.

2 ② 공정가액이라 함은 리스실행일 현재 합리적인 판단력과 거래의사가 있는 매수자와 매도자 간에 공정한 거래에 의하여 교환될 수 있는 가격을 말한다.

3 다음 중 금융리스로 분류되는 예가 아닌 것은?

① 리스기간 종료 시 또는 그 이전에 리스자산의 소유권을 무상 또는 일정한 가액으로 리스이용자에게 이전하기로 약정한 경우

② 리스자산의 염가구매선택권이 리스이용자에게 주어진 경우

③ 리스기간이 리스자산의 내용연수의 100분의 70 이상인 경우

④ 리스실행일 현재 기본리스료를 내재이자율로 할인한 현재가치가 리스자산의 공정가액의 100분의 90 이상인 경우

4 리스사는 서원각의 2023년초에 기계장치에 대한 금융리스계약을 다음과 같이 체결하였다. 리스기간 종료 시 리스자산의 공정가액이 ₩450,000인 경우에 2025년말 기계장치 반환 시 리스사의 회계처리에서 차변계정과목과 금액은?

- 리스자산 : 취득원가 ₩2,000,000, 내용연수 5년, 잔존가액 ₩200,000
- 리스기간 : 리스실행일로부터 3년
- 리스료 : 매년 말 ₩600,000씩 3회 지급
- 특약사항 : 리스종료 시 반환조건이며, 잔존가액 ₩400,000 보증조건

① 해지금융리스자산 ₩400,000

② 해지금융리스자산 ₩450,000

③ 금융리스채권 ₩400,000

④ 해지금융리스채권 ₩400,000

ANSWER | 3.③ 4.①

3 ③ 리스기간이 리스자산 내용연수의 100분의 75 이상인 경우이다.

4 리스자산에 관한 회계처리
〈차〉 해지금융리스자산 ₩400,000 〈대〉 금융리스채권 ₩400,000

5 현금흐름표의 유용성에 대한 설명으로 옳지 않은 것은?

① 투자활동과 재무활동이 기업의 재무상태에 미치는 영향을 평가하는데 필요한 정보를 제공한다.
② 기업의 미래현금흐름 창출능력에 관한 정보를 제공한다.
③ 기업의 배당금지급능력, 부채상환능력, 외부자금의 조달능력에 관한 정보를 제공한다.
④ 기업의 재무상태와 경영성과를 파악하는데 필요한 정보를 제공한다.

6 다음 중 현금흐름에 대한 설명 중 가장 옳지 않은 것을 고르면?

① 투자활동은 유·무형자산, 다른 기업의 지분상품이나 채무상품 등의 취득과 처분활동, 제3자에 대한 대여 및 회수활동 등을 포함한다.
② 재무활동은 투자자산의 크기 및 구성내용에 변동을 가져오는 활동을 의미한다.
③ 영업활동은 기업의 주요 수익창출활동, 그리고 투자활동이나 재무활동이 아닌 기타의 활동을 의미한다.
④ 현금흐름표는 회계기간 동안 발생한 현금흐름을 영업활동, 투자활동 및 재무활동으로 분류하여 보고한다.

7 현금흐름표에 대한 설명 중 옳지 않은 것은?

① 발생주의에 근거해서 작성하는 재무상태표나 손익계산서와는 달리 현금주의에 근거해서 작성한다.
② 발생주의에 의한 손익계산서와 비교해 볼 때 기업이익의 질을 평가하기가 곤란하다.
③ 흑자도산의 경우 현금흐름표를 이용하면 어느 정도 도산을 예측할 수 있는 정보를 제공한다.
④ 총재무자원 또는 순운전자본의 개념보다는 현금예금개념의 자금운용이 더욱 유용하므로 현금흐름표를 작성하는 것이다.

ANSWER | 5.④ 6.② 7.②

5 일정시점을 기준으로 재무상태를 나타내는 것으로는 재무상태표가 있고, 일정기간의 경영성과를 파악하는 것으로 손익계산서가 있다. 현금흐름표의 유용성으로 미래현금흐름에 대한 정보제공, 이익의 질에 대한 정보제공, 영업활동 수행능력에 대한 정보제공, 배당금 등 지급능력에 대한 정보제공, 투자활동과 재무활동거래가 기업의 재무상태에 미친 영향에 대한 정보제공 등이 있다. 현금흐름표는 재무상태를 나타내지는 않는다.

6 재무활동은 기업의 납입자본과 차입금의 크기 및 구성내용에 변동을 가져오는 활동을 의미한다.

7 현금흐름표상의 현금흐름은 기업의 유동성 평가, 배당금 지급능력 등 발생주의에 의한 손익계산서상의 당기순이익에서는 평가할 수 없는 경영성과를 나타낸다.

8 현금흐름표에 대한 설명 중 옳지 않은 것은?

① 투자활동으로 인한 현금흐름에는 현금의 대여, 회수가 포함된다.
② 각종 투자활동과 재무활동에 대한 정보도 제공한다.
③ 현금흐름표는 현금등가물에 대한 정보를 제공한다.
④ 이자비용은 재무활동으로 구분된다.

9 다음 중 영업활동으로 인한 현금흐름이 아닌 것은?

① 제품판매 활동
② 이자수익이나 배당금수익에 의한 현금유입
③ 법인세 비용에 현금유출
④ 무형자산의 처분

10 다음 중 현금흐름표에서 투자활동 현금흐름으로 분류할 수 없는 것을 고르면?

① 매출채권의 감소
② 골프회원권의 처분
③ 자회사 주식의 처분
④ 단기대여금의 회수

ANSWER | 8.④ 9.④ 10.①

8 ④ 이자비용은 영업활동으로 구분된다.

9 ④ 무형자산의 처분은 투자활동으로 인한 현금흐름이다.

10 ① 매출채권의 감소는 영업활동 현금흐름에 포함된다.

11 다음은 (주)한국의 2024년 회계자료이다. 2024년 영업활동에 의한 현금흐름(간접법)은? (단, 법인세지급은 영업활동으로 분류한다)

법인세비용차감전순이익	₩240,000
매출채권(순액)의 감소	₩40,000
감가상각비	₩3,000
유형자산처분손실	₩6,000
장기차입금의 증가	₩100,000
선수금의 증가	₩2,000
선급비용의 감소	₩4,000
매도가능금융자산처분이익	₩7,000
매입채무의 증가	₩30,000
자기주식처분이익	₩5,000
단기매매금융자산평가손실	₩10,000
법인세지급액	₩50,000

① ₩278,000
② ₩288,000
③ ₩305,000
④ ₩378,000

ANSWER | 11.①

11

법인세비용 차감전 순이익	240,000
가감	
매출채권 감소(증가)	40,000
감가상각비	3,000
유형자산처분손실	6,000
선수금 증가(감소)	2,000
선급비용 감소(증가)	4,000
매도가능금융자산처분이익	(7,000)
매입채무 증가(감소)	30,000
단기매매금융자산평가손실	10,000
영업으로부터 창출된 현금	328,000
이자지급	
법인세지급	(50,000)
영업활동으로부터의 순현금	278,000

12 다음의 자료는 영호회사의 부분회계정보이다. 이 회사의 매출활동으로부터 유입된 현금액은 얼마인가?

• 기초의 매출채권잔액	₩70,000
• 기말의 매출채권잔액	₩54,000
• 당기중 매출액	₩200,000

① ₩124,000 ② ₩184,000

③ ₩200,000 ④ ₩216,000

13 서원상사의 기초재고자산에 비하여 기말재고자산이 증가한 차이가 서원상사의 현금흐름표상 당기순이익에서 차감하는 항목으로 나타나 있다. 그 이유로 가장 적절한 것은?

① 재고자산 증가는 현금유출을 수반하는 투자활동의 결과이기 때문이다.

② 재고자산 증가는 매출원가를 감소시키지만 현금의 순유입에는 기여하지 못하기 때문이다.

③ 매출원가가 발생주의 회계에서는 현금주의 회계에서보다 낮게 산정되기 때문이다.

④ 회계기간 중 구입한 재고자산이 판매된 재고자산보다 많아서 순현금흐름이 증가하게 되기 때문이다.

ANSWER | 12.④ 13.③

12 T계정을 이용할 경우 현금수취액(x)은 (70,000 + 200,000 − 54,000) = ₩216,000이다.
증감분석법을 이용 시는 다음과 같다.

매출액	200,000
매출채권감소	16,000
합계	216,000

매출채권

기초매출채권	70,000	현금수취	x
당기매출	200,000	기말매출채권	54,000

13 ③ 재고자산이 증가한 경우에 발생주의 매출원가가 현금주의 매출원가보다 과소표시 된다. 즉, 재고자산의 증감은 영업활동의 결과로서 순현금이 감소한다.

14 2025년 중 서원상사는 고객으로부터 ₩100,000을 수금하고 ₩40,000의 영업비를 지급함으로써 ₩60,000의 현금주의 순이익을 보고하였다. 기타의 회계자료는 다음과 같다. 아래의 자료를 이용하여 발생주의 순이익을 계산하면?

	1월 1일	12월 31일
외상매출금	₩22,000	₩15,000
선수금	₩0	₩2,000
미지급비용	₩4,800	₩7,800
선급 비용	₩3,000	₩4,000

① ₩40,000
② ₩45,000
③ ₩49,000
④ ₩50,000

15 다음 자료는 20×2회계연도 말 현재 (주)서원이 보유하고 있는 자산내역의 일부이다. 기업회계기준 및 예규에 따를 때 이들 중 20×2회계연도 현금흐름표의 'Ⅵ. 기말현금'에 포함될 항목들은 어느 것인가?

㉠ 단기차입금에 대하여 담보로 제공된 1년 이내 만기의 정기예금
㉡ 단체퇴직보험예치금
㉢ 소액현금
㉣ 취득 당시 3개월 이내에 만기가 도래하는 금융채
㉤ 유동자산으로 재분류된 보통주식에의 투자

① ㉠㉡
② ㉠㉢
③ ㉠㉣
④ ㉢㉣

ANSWER | 14.③ 15.④

14 $x + 7,000 + 2,000 + 3,000 = 61,000$
$\therefore x = 49,000$

발생주의 순이익	x	현금주의 순이익	₩60,000
외상매출금 감소액	₩7,000	선급비용 증가액	₩1,000
선수금 증가액	₩2,000		
미지급비용 증가액	₩3,000		
	₩61,000		₩61,000

15 현금흐름표상의 현금이라 함은 재무상태표의 현금및현금등가물을 말한다. 즉, 통화, 통화대용증권, 당좌예금, 보통예금 및 현금등가물(취득당시 만기가 3개월 이내에 도래하는 채권이나 상환우선주)을 말하는 것으로 현금흐름표상의 자금개념은 현금뿐만 아니라 언제든지 사전에 예측한 금액의 현금으로 전환할 수 있는 요구불예금 및 현금등가물까지 포함한 개념이다.
㉠ 단기금융상품 ㉡ 장기금융상품 ㉤ 유가증권

16 2025년도 서원기계주식회사의 다음의 자료를 이용하여 영업활동으로부터의 현금흐름액을 구한 것은?

• 당기순이익	₩20,000,000	• 감가상각비	₩1,000,000
• 퇴직급여충당금전입액	₩2,000,000	• 고정자산처분이익	₩1,000,000
• 은행차입금 상환	₩5,000,000	• 고정자산의 처분	₩6,000,000

① ₩18,000,000

② ₩21,000,000

③ ₩22,000,000

④ ₩23,000,000

ANSWER | 16.③

16 현금흐름액 계산

㉠ 손익계산서상의 당기순이익 : ₩20,000,000

㉡ 현금유출없는 비용의 가산

- 퇴직급여충당금 ₩2,000,000
- 감가상각비 ₩1,000,000

㉢ 현금유출없는 수익의 차감

고정자산처분이익 △1,000,000

합계 ₩22,000,000

※ 고정자산처분이익은 투자활동에 의한 현금유입이므로 영업활동에 의한 현금유입에서 차감한다.

17 (주)甲은 내부보고 목적으로 현금주의에 의하여 재무제표를 작성하고 외부보고 시 이를 발생주의에 의하여 수정한다. 2025년 중 (주)甲의 현금주의 순이익이 ₩1,500,000인 경우 발생주의 순이익을 계산하면?

계정과목	기초잔액	기말잔액
외상매출금	₩4,000,000	₩3,500,000
재고자산	₩1,000,000	₩1,500,000
외상매입금	₩600,000	₩800,000
미지급비용	₩480,000	₩600,000
선수금	₩700,000	₩900,000
미수수익	₩550,000	₩350,000

① ₩780,000

② ₩980,000

③ ₩1,080,000

④ ₩1,180,000

ANSWER | 17.①

17 $x + 500,000 + 120,000 + 200,000 + 200,000 + 200,000 = ₩2,000,000$

$\therefore x = 780,000$

발생주의 순이익	x	현금주의 순이익	₩1,500,000
외상매출금 감소	₩500,000	재고자산 증가	₩500,000
미지급비용 증가	₩120,000		
선수금 증가	₩200,000		
미수수익 감소	₩200,000		
외상매입금 증가	₩200,000		
	₩2,000,000		₩2,000,000

18 (주)한국의 법인세비용차감전순이익은 ₩224,000이다. 다음 사항을 고려할 때 현금흐름표에 영업활동현금흐름으로 표시할 금액은? (단, 이자수익과 이자비용 및 법인세지급은 모두 영업활동으로 분류한다)

감가상각비	₩40,000	유형자산처분이익	₩20,000
사채상환손실	₩10,000	이자수익	₩10,000
단기차입금 증가액	₩2,000	미수이자수익 감소액	₩6,000
매출채권 감소액	₩8,000	재고자산 증가액	₩14,000
법인세지급액	₩12,000	매입채무 증가액	₩5,000
미지급법인세 감소액	₩3,000	매도가능금융자산평가이익	₩4,000

① ₩237,000

② ₩247,000

③ ₩249,000

④ ₩250,000

ANSWER | 18.②

18 법인세차감전순이익 ₩224,000
법인세비용 (₩9,000)
당기순이익 ₩215,000
감가상각비 ₩40,000
유형자산 처분이익 (₩20,000)
사채상환손실 ₩10,000
미수이자 ₩6,000
매출채권 ₩8,000
재고자산 (₩14,000)
매입채무 ₩5,000
미지급법인세 (₩3,000)
영업활동 현금흐름 ₩247,000

19 다음 Y회사의 전기와 당기 자료는 아래와 같다. 재무상태표와 포괄손익계산서를 활용하여 이자수익으로부터의 현금유입을 계산하면 얼마인가? (단, 회계연도 중에 할증취득차이 조정상각금액 ₩10,000이 발생하였으며, 할인취득차이 조정상각금액 ₩5,000이 이자수익에 포함되어 있다.)

재무상태표 계정		
계정과목	전기말	당기말
미수이자	10,000	16,000
선수이자	42,000	30,000

포괄손익계산서 계정	
계정과목	금액
이자수익	100,000

① ₩78,000

② ₩81,000

③ ₩87,000

④ ₩94,000

ANSWER | 19.③

19

미수이자

기초잔액	10,000	수취(현금)	x−6,000
이자수익	X	기말잔액	16,000
	10,000+x		10,000+x

선수이자

이자수익	105,000−x	기초잔액	42,000
기말잔액	30,000	수취(현금)	93,000−x
	135,000−x		135,000−x

이자수익

	발생	
	현금 (할증취득자 이조정상각 10,000 포함)	105,000
	비현금 (할인취득자이조정상각금액 5,000)	5,000
		100,000

T 계정을 활용해서 계산한 Y회사의 이자수익으로 인한 현금유입액은 아래와 같이 나타낼 수 있다.

∴ 이자수익 관련한 현금유입액 : (x−6,000)+(93,000−x)=₩87,000

CHAPTER 07 연결회계, 외화회계, 본지점회계

1 다음은 연결재무제표에 관한 설명이다. 옳지 않은 것은?

① 연결재무제표란 지배·종속관계에 있는 둘 이상의 관계회사를 보고대상으로 한다.
② 상장회사는 증권거래법에 의하여 연결재무제표의 보고가 의무화되어 있다.
③ 개별 기본재무제표만 가지고 종속회사를 소유하고 있는 지배회사의 재무정보를 적정하게 나타낼 수 없으므로 연결재무제표를 작성한다.
④ 연결재무상태표와 손익계산서만 작성한다.

2 연결재무제표의 종류가 아닌 것은?

① 연결재무상태표
② 연결손익계산서
③ 연결이익잉여금처분계산서
④ 연결현금흐름표

3 지배종속관계를 형성하는 경우 연결재무제표를 작성하는데, 이와 가장 관련이 깊은 회계개념은?

① 중요성
② 목적적합성
③ 계속기업
④ 회계실체

ANSWER | 1.④ 2.③ 3.④

1 ④ 연결자본변동표와 연결현금흐름표도 작성한다.

2 연결재무제표의 종류 … 연결재무상태표, 연결손익계산서, 연결현금흐름표, 연결자본변동표

3 연결재무제표를 작성하는 방법은 주주지분이론에 근거하는 방법과 기업실체이론에 근거하는 방법이 있다. 이런 이론들은 회계실체가 독립되었느냐 또는 종속되었느냐의 문제로서 회계실체가 누구냐 하는 문제이다. 따라서 회계실체와 가장 관련이 있다.

4 다음 중 연결재무제표의 작성기준으로 옳지 않은 것은?

① 지배법인과 종속법인 간 손익거래는 전액 상계 제거한다.
② 지배법인과 종속법인 간 거래에 의하여 취득한 재고자산에 포함된 미실현손익은 전액 상계제거 한다.
③ 지배법인의 이연자산과 종속법인의 이연부채를 상계 제거한다.
④ 지배법인의 투자계정과 이에 대응하는 종속법인의 자본계정은 주식취득일을 기준으로 상계제거 한다.

5 2024년 12월 31일 P회사는 S회사의 주식 80%를 ₩740,000에 취득하고 지배권을 획득하였다. 지배권 획득 당시 S회사의 자본내용은 자본금 ₩500,000, 이익잉여금 ₩300,000, 자본총계 ₩800,000이었다. 연결조정차 또는 연결조정대를 계산하면?

① 연결조정차 ₩100,000
② 연결조정대 ₩100,000
③ 연결조정차 ₩340,000
④ 연결조정대 ₩340,000

ANSWER | 4.③ 5.①

4 ③ 연결실체 간의 거래와 채권채무는 전액 상계제거 한다. 자산부채라 하더라도 지배법인(연결대상외 법인)과 종속법인(연결대상외 법인)간의 거래와 채권채무는 제거하지 않는다. 따라서 이연자산과 이연부채는 무조건 상계제거하는 것이 아니다. 한편, 기업회계기준의 변경으로 이연자산이 없어졌다.

5 연결조정차액은 취득원가에서 순자산장부가액을 차감한 값이 된다.
즉, 740,000 − 800,000 × 0.8 = ₩100,000
연결조정차

연결조정차액	₩100,000
+부채과소계상액 × 지분율	0
△자산과소계상액 × 지분율	0
소계	₩100,000

〈차〉		〈대〉	
자본금	₩500,000	현금	₩740,000
이익잉여금	₩300,000	외부주주지분	₩160,000
연결조정차	₩100,000		

6 A회사가 B회사의 연결재무제표 작성의무가 있는 지배종속회사 범위 내에 있는 것은?

① A회사가 B회사의 최대주주이면서 대여 · 담보제공 및 지급보증액의 합계액이 A회사 자본금의 20% 이상인 경우
② A회사가 B회사의 발행주식총수의 30%를 초과하여 소유하면서 B회사의 최대주주가 아닌 경우
③ A회사가 B회사의 발행주식의 과반수 주식을 소유하고 있으나, 결산일이 5개월의 차이가 있는 경우
④ A회사가 B회사의 발행주식총수의 30%를 초과하여 소유하면서 회사의 최대주주이나, A회사가 B회사를 일시적으로 지배하는 경우

7 다음은 외화거래에 대한 기업회계기준의 내용이다. 옳지 않은 것은?

① 기업회계기준은 재무상태표 과목을 화폐성(monetary) 항목과 비화폐성(non monetary) 항목으로 분류한다.
② 화폐성 항목은 현행 환율 · 비화폐성 항목은 역사적 환율을 적용하여 환산한다.
③ 모든 자산 · 부채 과목을 현행 환율(current rate)로 하는 것을 원칙으로 하고 있다.
④ 외화표시 자산 · 부채 및 손익항목을 일괄하여 원화로 환산하는 경우에는 당해 자산 · 부채는 재무상태표일 현재의 환율을, 자본은 발생당시 환율, 손익항목은 거래발생 당시 환율이나 당해 회계연도의 평균환율을 적용할 수 있다.

ANSWER | 6.④ 7.③

6 ① 총발행주식 중 30%를 초과하여야 한다.
② 총발행주식 수의 30% 초과하고 최대주주이어야 한다.
③ 과반수를 초과하여야 한다. 회계기간의 차이는 판단기준과 무관하고 단지 기간차이가 있으면 피투자회사의 재무제표를 재작성하도록 하고 있을 뿐이다.

7 현금예금, 매출채권, 매입채무 등과 같이 환산 전에 현재가치로 측정표시되어 있는 항목은 현행환율을 적용하고 재고자산, 고정자산과 같이 환산 전에 취득원가로 측정표시되어 있는 항목은 역사적 환율을 적용하여야 한다.

8 해외지점 등의 외화환산회계에 대한 내용이다. 옳지 않은 것은?

① 화폐성 · 비화폐성법에 의하여 환산한 경우에 발생하는 손익은 외화환산차손익계정으로 당기손익으로 처리한다.

② 영업, 재무활동이 본점과 독립적으로 운영되는 해외지점, 해외사업소, 또는 해외소재 지분법적용 대상회사의 경우에는 당해 자산, 부채는 재무상태표의 환율로, 자본은 발생당시 환율로 한다.

③ ②의 경우에 발생하는 환산손익은 해외사업환산차손익의 과목으로 자본조정에서 처리하며, 그 내용을 주석으로 기재하여야 한다.

④ 해외사업환산차익은 사업소가 청산 · 폐쇄 · 매각되는 회계연도의 영업외손익으로 처리한다.

9 (주)서원은 2024년 7월 1일 300,000 LCM에 상품을 매입하겠다는 주문을 받았으며, 2024년 10월 25일 상품을 선적하고 대금을 청구하였다. 2024년 11월 26일 대금을 송금받아 원화로 매각하였다. 각 일자별 환율이 다음과 같을 때 2024년 12월 31일 재무제표 작성시 인식할 외화관련손익은?

- 2024년 7월 1일 ₩256/LCM
- 2024년 10월 25일 ₩265/LCM
- 2024년 11월 26일 ₩280/LCM

① 외화환산손실 ₩4,500,000

② 외환차익 ₩4,500,000

③ 외화환산이익 ₩7,200,000

④ 외환차손 ₩7,200,000

ANSWER | 8.④ 9.②

8 ④ 특별손익으로 처리한다.

9 수익은 인도기준을 따르므로 매출인식시점은 선적일인 2024년 10월 25일이 된다. 따라서 외환차익은 300,000 × (280 − 265) = ₩4,500,000이 된다.

㉠ 2024년 10월 25일

〈차〉 매출채권	₩79,500,000	〈대〉 매출	₩79,500,000

㉡ 2024년 1월 26일

〈차〉 현금	₩84,000,000	〈대〉 매출채권	₩79,500,000
		외환차익	₩4,500,000

10 甲회사는 당기 중 US $1 : ₩800일 때 발생한 각각의 외화단기차입금 US $100,000의 외화단기대여금 US $ 80,000를 결산 시의 환율인 US $1 : ₩830으로 평가하였다. 이 평가에 의해 산출되는 손익계산서상의 외화평가손실과 외화평가이익을 옳게 표시한 것은?

	외화평가손실	외화평가이익
①	₩240,000	₩600,000
②	₩600,000	₩3,000,000
③	₩2,400,000	₩3,000,000
④	₩3,000,000	₩2,400,000

11 본점의 지점계정 차변잔액은 ₩248,000이고 지점의 본점계정 대변잔액은 ₩145,000이다. 다음의 미달거래를 반영할 경우 본점과 지점의 일치하는 금액은?

- 본점에서 지점으로 발송한 상품 ₩33,000이 지점에 미달
- 지점에서 송금한 현금 ₩50,000이 본점에 미달
- 본점에서 지점발행 약속어음 ₩20,000을 대신 지급한 것이 지점에 미달

① ₩178,000　② ₩198,000
③ ₩228,000　④ ₩238,000

ANSWER | 10.④ 11.②

10 기업회계기준에 의할 경우 화폐성 외화자산과 화폐성 외화부채는 재무상태표일 현재의 환율로 환산한 가액을 재무상태표가액으로 하고 발생하는 손익은 외화환산손실 또는 외화환산이익(당기손익항목)으로 처리한다.

㉠ 단기차입금 외화환산손실 : 100,000 × (830 − 800) = ₩3,000,000
㉡ 단기대여금 외화평가이익 : 80,000 × (830 − 800) = ₩2,400,000

11 미달거래분계

㉠ 지점
〈차〉 미달상품 ₩33,000 〈대〉 본 점 ₩33,000
㉡ 본점
〈차〉 미달현금 ₩50,000 〈대〉 지 점 ₩50,000
㉢ 지점
〈차〉 지급어음 ₩20,000 〈대〉 본 점 ₩20,000
※ 본점 = 248,000 − 50,000 = ₩198,000
지점 = 145,000 + 33,000 + 20,000 = ₩198,000

12 다음의 연결된 거래에서 2024년 12월 10일의 분개로 옳은 것은?

> • 2023년 12월 1일 캐나다로부터 상품 $3,000을 외상으로 구입하였다. 이 때의 환율이 $1 : ₩800이다.
> • 2023년 12월 31일 결산일 현재 환율이 $1 : ₩790이다.
> • 2024년 12월 10일 위 외상매입금을 전액 현금으로 상환하다. 단, 현재 환율이 $1 : ₩1,000이다.

① 〈차〉 외화외상매입금 ₩2,370,000 〈대〉 현금 ₩3,000,000
　　 외환차손 ₩630,000
② 〈차〉 외화외상매입금 ₩2,400,000 〈대〉 현금 ₩3,000,000
　　 외환차손 ₩600,000
③ 〈차〉 외환차손 ₩630,000 〈대〉 외화외상매입금 ₩630,000
④ 〈차〉 외환차손 ₩400,000 〈대〉 외화외상매입금 ₩600,000

13 본점에서 지점에 상품 ₩70,000을 발송하였으나 지점에 미달하였고, 지점의 기말상품 재고액 중 ₩480,000은 본점에서 공급된 것이다. 여기에는 미달상품이 포함되지 않았으며, 본점이 지점으로 발송하는 상품은 원가의 10%를 이익으로 가산하였다. 미실현이익은 얼마인가?

① ₩40,000
② ₩50,000
③ ₩60,000
④ ₩70,000

ANSWER | 12.① 13.②

12

연도	$	₩	외화관련손익
2023년 12월 1일	3,000	2,400,000	0
2023년 12월 31일	3,000	2,370,000	+30,000
2024년 12월 31일	3,000	3,000,000	△630,000

※ 회계처리

㉠ 2023년 12월 1일
〈차〉 매입 ₩2,400,000 〈대〉 매입채무 ₩2,400,000

㉡ 2023년 12월 31일
〈차〉 매입채무 ₩30,000 〈대〉 외화환산이익 ₩30,000

㉢ 2024년 12월 31일
〈차〉 매입채무 ₩2,370,000 〈대〉 현금 ₩3,000,000
　　 외화차손 ₩630,000

※ 차입금이 전액 결제되므로 전액제거하고 외환차손익을 인식한다.

※ 외환차손 = (1,000 − 790) × 3,000 = ₩630,000

13

$$(480,000 + 70,000) \times \frac{0.1}{(1+0.1)} = ₩50,000$$

14 다음 중 본 · 지점결합재무제표의 작성절차가 아닌 것은?

① 미달거래의 정리 ② 자본계정의 제거
③ 내부미실현이익 제거 ④ 본점계정과 지점계정의 상계제거

15 지점분산회계제도를 채택하고 있는 마포상회의 다음과 같은 지점 상호간의 거래를 각각의 입장에서 분개한 것 중 옳은 것은?

> 동교지점은 서교지점의 매출처인 종로상사에서 외상매출금 ₩3,500,000을 동점발행수표로 대신회수하고, 서교지점은 이 통지를 받다.

① 본 점 : 분개없음
동교지점 : 〈차〉 현 금 ₩3,500,000 〈대〉 서교지점 ₩3,500,000
서교지점 : 〈차〉 동교지점 ₩3,500,000 〈대〉 매출채권 ₩3,500,000
② 본 점 : 〈차〉 동교지점 ₩3,500,000 〈대〉 서교지점 ₩3,500,000
동교지점 : 〈차〉 현 금 ₩3,500,000 〈대〉 본 점 ₩3,500,000
서교지점 : 〈차〉 본 점 ₩3,500,000 〈대〉 매출채권 ₩3,500,000
③ 본 점 : 분개없음
동교지점 : 〈차〉 당좌예금 ₩3,500,000 〈대〉 매출채권 ₩3,500,000
서교지점 : 〈차〉 본 점 ₩3,500,000 〈대〉 종로상사 ₩3,500,000
④ 본 점 : 〈차〉 서교지점 ₩3,500,000 〈대〉 동교지점 ₩3,500,000
동교지점 : 〈차〉 현 금 ₩3,500,000 〈대〉 본 점 ₩3,500,000
서교지점 : 〈차〉 본 점 ₩3,500,000 〈대〉 매출채권 ₩3,500,000

ANSWER | 14.② 15.①

14 본 · 지점결합재무제표의 작성절차
㉠ 미달거래의 분개
㉡ 본점과 지점의 개별재무제표 작성
㉢ 내부거래 및 내부미실현이익 제거
㉣ 본 · 지점결합재무제표 작성

15 타인발행수표는 현금에 해당하며, 지점 상호간의 내부거래를 지점분산회계제도(독립분산회계제도)를 이용할 경우 각 지점마다 상대방의 지점(자산)계정을 설정하여 분개한다.
㉠ **본점**(마포상회) : 분개없음
㉡ **동교지점** : 〈차〉 현 금 3,500,000 〈대〉 서교지점(자산) 3,500,000
㉢ **서교지점** : 〈차〉 동교지점(자산) 3,500,000 〈대〉 매출채권 3,500,000

16 본점의 지점계정 차변잔액 ₩105,000, 지점의 본점계정 대변잔액은 ₩150,000이다. 이 때 두 계정을 일치시키기 위한 미달거래로 옳은 것은?

① 지점에서 본점의 외상매입금 ₩45,000을 대신 지급하였으나, 본점에 통지미달
② 본점에서 지점출장사원 여비 ₩45,000을 대신 지급하였으나, 지점에 통지미달
③ 지점에서 본점에 송금한 현금 ₩45,000이 본점에 미달
④ 지점수취의 약속어음 ₩45,000을 본점이 대신 수취하였으나, 그 통지가 지점에 미달

17 본지점회계를 하는 경우 수정 전 잔액시산표상의 본점계정과 지점계정이 각각 ₩3,000,000과 ₩4,000,000이었으며, 미달사항이 다음과 같았을 때 조정 후 본점계정과 지점계정은 얼마인가?

- 지점에서 본점의 외상매출금 ₩1,000,000을 회수한 후 본점에 통지미달
- 본점에서 지점에 현금 ₩500,000을 송금하였으나, 지점에 미달
- 본점에서 지점에 상품 ₩1,500,000을 발송하였으나, 지점에 미달

① ₩3,000,000
② ₩4,000,000
③ ₩5,000,000
④ ₩6,000,000

ANSWER | 16.④ 17.③

16 지점계정을 증가시키거나, 본점계정을 감소시켜야 한다.
① 〈차〉 매입채무 ₩45,000 〈대〉 지점 ₩45,000
② 〈차〉 여비 ₩45,000 〈대〉 본점 ₩45,000
③ 〈차〉 현금 ₩45,000 〈대〉 지점 ₩45,000
①③ 지점계정이 감소하는 경우이다.
② 본점계정이 증가하는 경우이다.

17

	지점의 본점계정	본점의 지점계정
수정 전 잔액	3,000,000	4,000,000
㉠		+1,000,000
㉡	+500,000	
㉢	+1,500,000	
소계	₩5,000,000	₩5,000,000

18 대구지점이 광주지점에 상품 ₩90,000(원가)을 발송했을 경우 본점의 입장에서 분개가 옳은 것은? (단, 본점집중회계제도를 채택하고 있음)

① 〈차〉 대구지점 ₩90,000 〈대〉 광주지점 ₩90,000
② 〈차〉 광주지점 ₩90,000 〈대〉 대구지점 ₩90,000
③ 〈차〉 대구지점 ₩90,000 〈대〉 매입 ₩90,000
④ 〈차〉 광주지점 ₩90,000 〈대〉 매출 ₩90,000

19 본점집중계산제도를 채택한 경우 수원지점의 분개는?

수원지점은 천안지점의 외상매출금 ₩75,000을 매출처발행 당좌수표로 받고 본점에 보고하다.

① 〈차〉 당좌예금 ₩75,000 〈대〉 본점 ₩75,000
② 〈차〉 본점 ₩75,000 〈대〉 매출채권 ₩75,000
③ 〈차〉 현금과예금 ₩75,000 〈대〉 본점 ₩75,000
④ 〈차〉 현금과예금 ₩75,000 〈대〉 천안지점 ₩75,000

ANSWER | 18.② 19.③

18 본점집중제에서는 지점 간의 분개는 본점의 회계처리에서만 지점계정이 등장한다. 이에 적합한 것은 ①②인데, 채권관계가 있는 지점이 차변에 나타난다. 따라서 ②가 적당한 답이다. 만약 독립분산제인 경우는 분개가 없다.

19 지점 간의 거래에서 본점집중제도를 실시할 경우 상대지점계정은 나타나지 않고 본점계정으로 조정한다.

20 본점에서 지점에 상품 ₩70,000을 발송하였으나 지점에 미달하였고, 지점의 기말상품재고 중 ₩480,000은 본점에서 공급된 것이며 여기에는 미달상품이 포함되지 않았다. 본점에서 발송시 상품원가의 10%를 이익에 가산하였다. 위의 내용으로 보아 내부미실현이익은 얼마인가?

① ₩40,000 ② ₩50,000
③ ₩60,000 ④ ₩70,000

21 본점원장의 지점계정 차변잔액이 ₩1,650,000이고, 지점원장의 본점계정 대변잔액이 ₩1,400,000일 때, 지점계정과 본점계정의 잔액을 일치시킬 수 있는 미달거래로 옳은 것은?

① 지점에서 본점의 지급어음 ₩250,000을 지급하였으나, 본점에 통지가 미달되었다.
② 본점이 외상매입금을 지급하기 위하여 지점앞 환어음 ₩250,000을 발행하였으나, 지점에 통지가 미달되었다.
③ 지점의 매입채무 ₩250,000을 본점이 대신 지급하였으나, 지점에 통지가 미달되었다.
④ 지점에서 본점에 현금 ₩250,000을 송금하였으나, 본점에 통지가 미달되었다.

ANSWER | 20.② 21.③

20 미달상품까지 포함한다면 현재 지점의 본점매입재고는 550,000이고 위 상품은 아직 기업외부로 팔려나간 것이 아니므로 본지점결합재무제표작성시 내부미실현이익을 제거해야 한다.
550,000 × 10/110 = ₩50,000

21 미달사항의 정리분개
㉠ 본점
〈차〉 지급어음 250,000 〈대〉 지 점(자산) 250,000
㉡ 지점
〈차〉 본 점(부채) 250,000 〈대〉 지급어음 250,000
㉢ 지점
〈차〉 매입채무 250,000 〈대〉 본 점(부채) 250,000
㉣ 본점
〈차〉 현 금 250,000 〈대〉 지 점(자산) 250,000

※ 정리 후 계정잔액

지점(자산)계정	
정리전잔액 1,650,000	

본점(부채)계정	
	정리전잔액 1,400,000
	㉢ 매입채무 250,000

22 지점분산회계제도를 채택하고 있는 광주상회의 다음과 같은 지점 상호 간의 거래를 각각의 입장에서 분개한 것 중 옳은 것은? (거래 : 춘천지점은 인천지점의 매출처 수원상회에서 외상매출금 ₩2,000,000을 현금으로 대신 회수하고, 인천지점은 이 통지를 받음)

① 본점 〈차〉 춘천지점 ₩2,000,000 〈대〉 인천지점 ₩2,000,000
춘천지점 〈차〉 현금 ₩2,000,000 〈대〉 본점 ₩2,000,000
인천지점 〈차〉 본점 ₩2,000,000 〈대〉 외상매출금 ₩2,000,000

② 본점 분개없음
춘천지점 〈차〉 현금 ₩2,000,000 〈대〉 인천지점 ₩2,000,000
인천지점 〈차〉 춘천지점 ₩2,000,000 〈대〉 외상매출금 ₩2,000,000

③ 본점 분개없음
춘천지점 〈차〉 현금 ₩2,000,000 〈대〉 본점 ₩2,000,000
인천지점 〈차〉 본점 ₩2,000,000 〈대〉 외상매출금 ₩2,000,000

④ 본점 〈차〉 인천지점 ₩2,000,000 〈대〉 춘천지점 ₩2,000,000
춘천지점 〈차〉 현금 ₩2,000,000 〈대〉 인천지점 ₩2,000,000
인천지점 〈차〉 춘천지점 ₩2,000,000 〈대〉 외상매출금 ₩2,000,000

ANSWER | 22.②

22 지점 간의 거래에 대해 다음 2가지 회계처리방법이 있다.

구분	본점집중제	독립분산제
의의	지점 간의 거래에 대해 본점에 보고하는 제도	본점에 보고하지 않고 지점 간에 보고하는 제도
회계처리	지점1이 지점2의 매출채권을 대신 회수하였을 경우	
본점	〈차〉 지점1 ××× 〈대〉 지점2 ×××	분개없음
지점1	〈차〉 현금 ××× 〈대〉 본점 ×××	〈차〉 현금 ××× 〈대〉 지점2 ×××
지점2	〈차〉 본점 ××× 〈대〉 매출채권 ×××	〈차〉 지점1 ××× 〈대〉 매출채권 ×××

인천지점이 통지받으므로 독립분산제이며, 따라서 ②가 정답이다. 만일 본점에 보고한다면 본점집중제가 되어 답이 ①이 된다.

23 지점의 본점계정 대변잔액이 ₩74,000이다. 다음 미달거래를 정리한 후의 잔액은?

> • 지점에서 송금한 현금 ₩7,000 본점에 미달이다.
> • 본점에서 발송한 상품(원가) ₩8,000이 지점에 미달이다.
> • 본점이 대신 회수한 지점의 외상매출금 ₩12,000이 지점에 통지미달이다.

① 대변 ₩63,000
② 대변 ₩70,000
③ 대변 ₩71,000
④ 대변 ₩76,000

24 다음 자료에 의한 내부미실현이익은 얼마인가?

> • 지점의 기말상품재고액은 ₩3,870,000(이 중 본점매입분 ₩2,750,000)이다.
> • 본점에서 지점에 발송한 상품 ₩550,000이 지점에 미달되었으며, 이는 지점의 기말재고에도 포함되지 않았다.
> • 본점이 지점에 상품을 발송할 때는 원가에 10%의 이익을 가산한다.

① ₩55,000
② ₩220,000
③ ₩275,000
④ ₩300,000

ANSWER | 23.② 24.④

23 지점의 회계처리

㉠ 지점이 송금한 현금 ₩7,000은 이미 지점의 장부의 계상되어 있다.
㉡ 〈차〉 본점매입(상품) ₩8,000 〈대〉 본점 ₩8,000
㉢ 〈차〉 본점 ₩12,000 〈대〉 매출채권 ₩12,000
따라서 정리 후 잔액은 74,000 + 8,000 − 12,000 = ₩70,000

24 내부미실현이익 : $\frac{(2,750,000+550,000)\times 0.1}{(1+0.1)}$ = ₩300,000

25 지점의 기말재고액 ₩33,000과 미달상품 ₩22,000 중에 10%의 이익이 본점에서 가산되었다. 내부이익을 계산하여 간접법으로 분개한 것은?

① 〈차〉 지점매출 ₩5,000 〈대〉 지점 ₩5,000
② 〈차〉 내부이익충당금 ₩5,000 〈대〉 내부이익차감 ₩5,000
③ 〈차〉 내부이익차감 ₩5,000 〈대〉 내부이익충당금 ₩5,000
④ 〈차〉 본점 ₩5,000 〈대〉 본점매입 ₩3,000
미달상품 ₩2,000

ANSWER | 25.③

25 ③ 재고자산을 이전할 때 일정한 이익을 가산할 때는 그 이익을 인식하는데 기말에 미실현이익을 제거하여야 한다. 따라서 미실현이익만큼 내부이익을 차감한다.

<table>
<tr><th>구분</th><th>이익가산하여 이전하는 경우</th><th>이익가산하지 않고 20,000에 이전 시</th></tr>
<tr><td rowspan="2">간접법</td><td>〈차〉 지점 ₩20,000
내부이익충당금 ₩2,000
〈대〉 지점매출 ₩22,000</td><td rowspan="4">〈차〉 지점 ₩20,000
〈대〉 지점매출 ₩20,000
지점분개
〈차〉 본점매입 ₩20,000
〈대〉 본점 ₩20,000</td></tr>
<tr><td>(기말시점)
〈차〉 내부이익충당금 ₩2,000
〈대〉 내부이익충당금 ₩2,000</td></tr>
<tr><td rowspan="2">직접법</td><td>〈차〉 지점 ₩22,000
〈대〉 지점매출 ₩22,000</td></tr>
<tr><td>(기말시점)
〈차〉 지점매출 ₩2,000
〈대〉 미실현이익 ₩2,000</td></tr>
</table>

02

원가회계

CHAPTER 01 원가계산의 기초추정, 원가배분과 개별원가

1 다음 중 재무회계와 비교할 때 원가회계의 특징이 아닌 것은?

① 계정과목수가 상대적으로 많다.
② 계정 간의 대체가 빈번하다.
③ 원가계산은 월차결산을 한다.
④ 외부보고를 목적으로 한다.

2 다음 중 원가회계 목적이 아닌 것은?

① 원가의 관리 및 통제에 필요한 원가자료의 제공
② 당기순이익 계산
③ 경영계획의 목적에 필요한 원가자료 제공
④ 예산 편성 및 예산 통제에 필요한 원가자료 제공

3 다음 우리나라 기업의 제조원가명세서에 포함되지 않는 항목은?

① 당기제조경비　② 당기재료원가
③ 당기제품원가　④ 매출원가

ANSWER | 1.④ 2.② 3.④

1 ④ 외부보고는 재무회계의 목적으로, 원가회계는 내부보고를 목적으로 한다.

2 ② 당기순이익 계산은 연차결산으로 재무회계의 목적이다.

3 ④ 매출원가는 포괄손익계산서에 포함되는 항목이다.

4 가공원가에 대한 설명 중 옳은 것은?

① 제조과정에서 발생하는 모든 원가
② 이미 발생하여 의사결정에 영향을 주지 못하는 원가
③ 직접노무비와 제조간접비의 합계
④ 미래에 발생할 것이 예상되는 원가

5 다음에서 설명하고 있는 원가행태는 무엇인가?

> 전화요금의 원가행태는 사용량과 무관하게 납부하는 기본요금과 조업도(사용량)가 증가함에 따라 납부해야 할 금액이 비례적으로 증가하는 추가요금으로 구성되어 있다.

① 준고정원가 ② 준변동원가
③ 고정원가 ④ 변동원가

6 노무비처럼 특정 제품 또는 특정 부문별로 추적가능한 원가로 개별비라고도 하는 원가는?

① 직접원가 ② 목적비용
③ 기초원가 ④ 중성비용

ANSWER | 4.③ 5.② 6.①

4 ③ 가공원가는 직접노무비와 제조간접비의 합계이다.

5 ② 준변동원가는 고정원가와 변동원가의 두 가지 요소로 구성된 원가를 말하며 혼합원가라고도 한다.

6 ① 직접원가에 대한 개념이다.

7 서원선박의 작업내용이다. 항공기 제작과 관련하여 8월 중 발생한 원가자료는 다음과 같다. A선박의 당기총제조원가는 얼마인가?

	A선박	B선박	C선박	합계
직접재료원가	₩30,000	₩30,000	₩40,000	₩100,000
직접노무원가	₩50,000	₩60,000	₩90,000	₩200,000

* 8월 중에 제조간접원가 발생액은 ₩160,000이다. 회사는 직접노무원가를 기준으로 제조간접원가를 배부한다.

① ₩120,000
② ₩130,000
③ ₩138,000
④ ₩202,000

8 다음 자료에 의하면 당기총제조원가는 얼마인가?

- 기초원가 ₩650,000
- 직접노무비 ₩160,000
- 기계감가상각비 ₩100,000
- 공장임차료 ₩50,000
- 공장전력비 ₩30,000
- 기말재공품재공액 ₩200,000

① ₩830,000
② ₩780,000
③ ₩1,180,000
④ ₩1,200,000

ANSWER | 7.① 8.①

7

㉠ 예정제조간접원가 배부율 : $\frac{₩160,000}{₩200,000}$ = 80%

㉡ 제조간접원가 배부액 : ₩50,000 × 80% = ₩40,000

㉢ 당기총제조원가 : ₩30,000 + ₩50,000 + ₩40,000 = ₩120,000

8

㉠ 당기총제조원가 = 기초원가(650,000) + 제조간접원가(50,000 + 30,000 + 100,000) = 830,000

㉡ 기초원가 = 직접재료원가 + 직접노무원가

9 다음의 개별원가계산 자료에 의한 당기총제조원가는?

> • 직접재료원가는 ₩3,000이며 직접노동시간은 30시간이고 기계시간은 100시간이다.
> • 직접노무원가의 임률은 직접노동시간당 ₩12이다.
> • 회사는 기계시간을 기준으로 제조간접원가를 배부한다.
> • 제조간접원가 예정배부율이 기계시간당 ₩11이다.

① ₩4,460
② ₩4,530
③ ₩4,600
④ ₩4,670

10 다음 자료에 의할 때 당기의 매출원가는?

당기외상매입상품	₩30,000	당기현금매입상품	₩40,000
기초상품재고액	₩8,000	당기매입환출액	₩5,000
기말상품재고액	₩9,000	당기매출에누리	₩1,000

① ₩64,000
② ₩65,000
③ ₩66,000
④ ₩67,000

ANSWER | 9.① 10.①

9 [직접노무원가]=30×12=₩360
[제조간접원가]=100×11=₩1,100
[당기총제조원가]=[직접재료원가]+[직접노무원가]+[제조간접원가]
=₩3,000+₩360+₩1,100
=₩4,460

10 ㉠ **순매입액** : 외상매입액(30,000) + 현금매입액(40,000) − 매입환출액(5,000) = ₩65,000
㉡ **매출원가** : 기초상품(8,000) + 당기순매입액(65,000) − 기말상품(9,000) = ₩64,000

11 20×3년 7월 중 제품의 제조와 관련하여 발생한 총원가는 ₩765,000이다. 이 원가에는 ₩30,000의 정상공손원가와 ₩15,000의 비정상공손원가가 포함되어 있다. 당기제품제조원가는 얼마인가?

① ₩720,000
② ₩735,000
③ ₩750,000
④ ₩765,000

12 서원회사는 개별원가시스템을 채택하고 있으며, 직접노무비를 기준으로 제조간접비를 배부한다. 20×2년도의 제조간접비율은 A부문에 대해서는 200%, B부문에 대해서는 50%이다. 제조명령서 5호는 20×2년 중에 시작되어 완성되었으며, 다음과 같이 원가가 발생하였다. 제조명령서 5호에 관련된 총제조원가는 얼마인가?

	A부문	B부문
직접재료비	₩50,000	₩10,000
직접노무비	?	₩40,000
제조간접비	₩60,000	?

① ₩190,000
② ₩210,000
③ ₩265,000
④ ₩300,000

ANSWER | 11.③ 12.②

11 당기제품제조원가 = 765,000 − 15,000(비정상공손) = ₩750,000

12 부문별 제조원가

	A부문	B부문	계
직접재료비	50,000	10,000	60,000
직접노무비	㉠…30,000	40,000	70,000
제조간접비	60,000	㉡…20,000	80,000
	140,000	70,000	210,000

㉠ A부문 직접노무비 : 60,000/2.0 = ₩30,000
㉡ B부문 제조간접비 : 40,000 × 0.5 = ₩20,000

13 다음 가중평균법에 따른 종합원가계산에서 완성품환산량의 단위 당 원가는 어느 원가를 활용하는가?

① 당기투입원가–기말재공품원가
② 당기투입원가+기말재공품원가
③ 당기투입원가–기초재공품원가
④ 당기투입원가+기초재공품원가

14 기중에 ₩450,000의 재료를 구입하고 노무비 ₩800,000, 제조간접비 ₩500,000이 발생하였으며, 관련자료는 다음과 같다. 아래의 자료를 이용하여 당기 매출원가를 구하면?

재고자산	1999년 1월 1일	1999년 12월 3일
원재료	₩210,000	₩230,000
재공품	₩150,000	₩180,000
제품	₩300,000	₩285,000

① ₩1,700,000
② ₩1,715,000
③ ₩1,730,000
④ ₩1,880,000

ANSWER | 13.④ 14.②

13 가중평균법의 경우 기초재공품을 당기에 다시 가공하는 것으로 볼 수 있으므로 배분대상원가는 총원가(당기투입원가+기초재공품원가)가 된다.

14 매출원가 관련 회계처리

원재료

기초	₩210,000	재공품	x
매입	₩450,000	기말	₩230,000

∴ x = ₩430,000

재공품

기초	₩150,000	제품제조원가	y
재료비	₩430,000		
노무비	₩800,000		
제조간접비	₩500,000	기말	₩180,000
	₩1,880,000		₩1,880,000

∴ y = ₩1,700,000

제품

기초	₩300,000	매출원가	z
당기제품제조원가	₩1,700,000	기말	₩285,000

∴ z = 300,000 + 1,700,000 − 285,000 = ₩1,715,000

15 다음 자료에 의하여 제품의 판매가격을 계산하면 얼마인가?

- 직접재료비 : ₩200,000
- 직접노무비 : ₩300,000
- 직접제조경비 : ₩100,000
- 제조간접비 : ₩400,000
- 판매관리비 : 제조원가의 10%
- 판매이익 : 판매원가의 20%

① ₩1,300,000
② ₩1,320,000
③ ₩1,350,000
④ ₩1,370,000

16 다음의 재료원장을 보고 5월의 재료소비액을 구한 것으로 옳은 것은? (단, 재료소비량의 계산은 계속기록법에 의하고 재료의 소비단가 결정은 후입선출법에 의함)

			수량	단위당단가	총액
5월 1일	전기이월	갑재료	200개	@₩100	₩20,000
5월 7일	입고	갑재료	400개	@₩100	₩44,000
5월 10일	출고	갑재료	500개		
5월 18일	입고	갑재료	300개	@₩120	₩36,000
5월 27일	출고	갑재료	200개		

① ₩74,000
② ₩76,000
③ ₩78,000
④ ₩80,000

ANSWER | 15.② 16.③

15 제품의 판매가격은 다음과 같다.

㉠ 제조원가 : 200,000 + 300,000 + 100,000 + 400,000 = ₩1,000,000

㉡ 판매원가 : 1,000,000 + (1,000,000 × 10%) = ₩1,100,000

㉢ 판매가격 : 1,100,000 + (1,100,000 × 20%) = ₩1,320,000

16 재료원장에 따른 5월의 재료소비액을 구하면 다음과 같다.

5월 10일 400개 × @₩110 = ₩44,000

100개 × @₩100 = ₩10,000

5월 27일 200개 × @₩120 = ₩24,000

계 ₩78,000

17 다음의 자료를 이용하면 단위 당 판매가격을 얼마로 결정하면 되겠는가?

• 예상판매량 : 20,000단위	• 고정원가 : ₩4,000,000
• 변동원가 : 매출액의 60.0%	• 예상매출총이익 : ₩2,500,000

① ₩203.13
② ₩312.50
③ ₩500.00
④ ₩812.50

18 서원회사의 20×2년도 생산자료는 다음과 같다. 6월의 계획생산량이 70개일 때 고저점법을 사용하여 노무비 추정액을 계산하면?

월별	생산량	노무비
1월	10	₩160,000
2월	15	₩200,000
3월	20	₩310,000
4월	50	₩720,000
5월	30	₩460,000

① ₩920,000
② ₩960,000
③ ₩1,000,000
④ ₩1,020,000

ANSWER | 17.④ 18.③

17 매출액을 x라 가정하면

매출총이익	2,500,000
고정원가	4,000,000
변동원가	$0.6x$
매출액(매출액의 60%)	$6,500,000 + 0.6x$

$x = 6,500,000 + 0.6x$

$\therefore\ x = 16,250,000$

단위당 판매가격 = ₩16,250,000/20,000단위 = @812.50

18 y $= vx$ + F라 할 때 $v = \dfrac{720,000-160,000}{50-10} =$ @14,000

720,000 = 14,000 × 50 + F → F = 20,000

따라서 y = 14,000x ×+ 20,000이 된다.

y = 14,000 × 70 + 20,000 = 1,000,000

19 아래와 같은 20×5년 9월 BC회사 가나공장의 제조원가명세서의 일부 자료를 이용하여 기초재공품재고액과 당기 총제조비용 중 직접노무원가를 구하면?

- 당기총제조비용 : ₩1,000,000
- 당기제품제조원가 : ₩970,000
- 제조간접비 : 직접노무비의 75% 또는 당기총제조비용의 27%
- 기초재공품 : 기말재공품의 80%

	기초재공품재고액	직접노무원가
①	₩120,000	₩270,000
②	₩120,000	₩360,000
③	₩150,000	₩360,000
④	₩270,000	₩150,000

ANSWER | 19.②

19 직접노무원가 계산

㉠ 기초재공품계산

재공품

기초재공품	$0.8x$	당기제품제조원가	970,000
당기총제조비용	1,000,000	기말재공품	x
	0.8 + 1,000,000		$970,000 + x$

$0.8x + 1,000,000 = 970,000 + x$　　$\therefore x = 150,000$

그러므로 기초재공품 = 0.8 × 150,000 = ₩120,000

㉡ 직접노무비계산

제조간접비 = 당기총제조비용 × 27% = 1,000,000 × 27% = ₩270,000

그리고 제조간접비 = 직접노무비 × 75%

따라서 직접노무비 $= \dfrac{\text{제조간접비}}{0.75} = \dfrac{270,000}{0.75}$ = ₩360,000

20 다음 원가요소를 보고 직접노무비를 추정한 것으로 옳은 것은? (단, 직접제조경비는 직접노무비의 50%로 함)

• 직접재료비 ₩5,000	• 제조원가 ₩15,000
• 제조간접비 ₩1,000	• 판매원가 ₩25,000

① ₩6,000 ② ₩8,000
③ ₩10,000 ④ ₩15,000

21 JP회사는 정상원가 시스템하에서 개별원가계산을 사용한다. 2024년 4월 동안 이 회사의 재공품 계정의 내역은 다음과 같다. JP회사는 제조간접비를 제품에 배부할 때 예정 제조간접비율을 사용하며 당기의 제조간접비 예정배부율은 직접노무비의 80%이다. 당기에 새로 시작한 작업 #5가 4월 말 현재 유일하게 완성되지 않은 작업이며 작업 #5를 완성하는데 예정된 직접노무비는 ₩3,000이지만 당기에 투입된 실제 직접노무비는 ₩2,000이다. 작업 #5에 지금까지 투입된 직접재료비는 얼마인가?

• 기초잔액	₩4,000	• 직접재료비	₩24,000
• 직접노무비	₩16,000	• 제조간접비	₩12,800
• 제품계정으로의 대체액	₩48,000		

① ₩3,300 ② ₩5,200
③ ₩8,000 ④ ₩8,800

ANSWER | 20.① 21.②

20 직접노무비

㉠ **직접원가** : 15,000(제조원가) − 1,000(제조간접) = ₩14,000

㉡ **직접노무비** : {14,000(직접원가) − 5,000(직접재료비)} ÷ 1.5 = ₩6,000

21 직접노무비법에 의해 제조간접비를 배부하므로,

#5의 제조간접비 배부액 = 2,000 × 80% = ₩1,600

기말재공품잔액 = 4,000 + 24,000 + 16,000 + 12,800 − 48,000 = ₩8,800

#5의 재료비 = 8,800 − 1,600 − 2,000 = ₩5,200

22 다음 자료를 기초로 하여 300단위 추가시 선박단위당 원가를 구하면?

> ㉠ 선박 100척을 제조하는 데 발생한 원가
> - 직접재료비 ₩1,000,000
> - 직접노무비 ₩2,000,000(200시간)
> - 제조간접비 ₩1,000,000(직접노무비에 비례)
>
> ㉡ 학습률 80%

① ₩25,600
② ₩26,800
③ ₩27,500
④ ₩28,800

23 원가배분이란 여러 가지 원가대상에 공통적으로 발생한 원가를 집합하여 합리적인 배부기준에 따라 원가대상에 배분하는 과정을 말하는데 배분기준에 해당하지 않는 사항은?

① 인과관계기준
② 제조시간기준
③ 수혜기준
④ 부담능력기준

ANSWER | 22.① 23.②

22 누적생산량에 따른 시간증감

누적생산량	단위당시간	총시간
100	2	200
200	2 × 0.8 = 1.6	320
400	1.6 × 0.8 = 1.28	512

※ 총제조원가

직접재료비 : 300 × @10,000 =	₩3,000,000
직접노무비 : 512 × @10,000 − 200 × @10,000 =	₩3,120,000
제조간접비 : 3,120,000 × 0.5 =	₩1,560,000
계	₩7,680,000

단위당 원가 : 7,680,000/300 = ₩25,600

23 배분기준은 원칙적으로 인과관계를 고려하여 큰 것을 선택하여야 하며, 수혜기준과 부담능력기준 그리고 공정성과 공평성을 고려하여 정해야 한다.

24 ㈜서라벌은 개별원가계산제도를 운영하고 있다. 회사는 모형금관을 제작하여 판매하고 있는데 아래 자료에 의하여 모형금관의 직접재료원가를 구하면?

> • 당기총제조원가 : ₩9,000,000
> • 당기제품제조원가 : ₩7,000,000
> • 제조간접원가는 직접노무원가의 50%가 배부되었으며 이것은 당기총제조원가의 30%에 해당한다.

① ₩600,000　② ₩700,000
③ ₩800,000　④ ₩900,000

25 원가배부에 관한 설명 중 옳지 않은 것은?

① 원가배부의 기준은 가능한 한 인과관계를 반영하는 것이어야 한다.
② 결합원가의 배부는 경영계획의 수립이나 원가통제의 목적에 도움을 주지 못한다.
③ 원가통제의 목적을 위해서 원가는 반드시 실제발생원가를 기준으로 배부해야 한다.
④ 보조부분의 배부에 있어서 단계법이 직접법보다 항상 더 합리적인 배부결과를 가져오는 것은 아니다.

26 다음 중 부문비배분법의 설명으로 틀린 것은?

① 단계배분법은 보조부문간의 용역제공을 일부만 고려하는 방법이다.
② 직접배분법은 보조부문 상호간에 주고받는 용역의 정도를 고려하지 않는다.
③ 상호배분법은 보조부문 상호간의 용역수수를 전부 고려한는 가장 정확한 원가배분 방식이다.
④ 상호배분법은 직접배분법과 단계배분법의 절충적인 중간형태이다.

ANSWER | 24.④ 25.③ 26.④

24 ㉠ 당기총제조원가 : 직접재료비 + 직접노무비 + 제조간접비
$9,000,000 = x + y + 0.5y$
㉡ $0.5y = 9,000,000 \times 30\% = y = 5,400,000$
㉢ $9,000,000 = x + 5,400,000 + 5,400,000 \times 0.5$
$\therefore x =$ ₩900,000

25 ③ 원가통제를 위해서는 실제발생원가보다 표준원가를 기준으로 배부하는 것이 합리적이다.

26 ④ 단계배분법은 직접배분법과 상호배분법의 절충적인 중간형태이다.

27 조업도의 증가에 따른 고정원가 및 변동원가와 관련한 원가행태를 잘못 나타낸 것은?

① 총고정원가는 일정하다.
② 단위 당 고정원가는 증가한다.
③ 단위 당 변동원가는 일정하다.
④ 총변동원가는 증가한다.

28 원가행태에 대한 설명으로 옳지 않은 것은?

① 고정원가는 조업도가 증감하더라도 전체 범위에서는 고정적이기 때문에, 다른 조건이 동일하다면 제품단위 당 고정원가는 조업도의 증가에 따라 감소한다.
② 관련범위 내에서 조업도 수준과 관계없이 고정원가 발생총액은 일정하다.
③ 관련범위 내에서 조업도가 증가하면 변동원가 발생총액은 비례적으로 증가한다.
④ 변동원가는 조업도의 증감에 따라 관련범위 내에서 일정하게 변동하기 때문에, 다른 조건이 동일하다면 제품단위 당 변동원가는 조업도의 증감에 관계없이 일정하다.

29 다음 주어진 자료를 이용하여 매출액을 계산하면?

	기초재고	기말재고
재공품	₩550,000	₩600,000
제 품	₩900,000	₩1,200,000

매 출 총 이 익 ₩600,000
당기제품제조원가 ₩7,000,000

① ₩6,700,000
② ₩7,300,000
③ ₩7,500,000
④ ₩7,800,000

ANSWER | 27.② 28.① 29.②

27 ② 조업도가 증가하는 경우 단위 당 고정원가는 감소한다.

28 ① 고정원가는 원가총액은 일정하나 단위당원가는 조업도 증감에 변화하는 원가이다.

29

제 품

900,000	6,700,000	(매출원가)
7,000,000	1,200,000	
7,900,000	7,900,000	

매출액 − 매출원가 = 매출총이익

$x - 6,700,000 = 600,000$

$\therefore x = 7,300,000$

30 서원상사 직접노무원가를 기준으로 제조간접원가를 배부한다. 다음 자료에 의하여 A제품에 배부되어야 할 제조간접원가를 계산하면 얼마인가?

제조간접원가 총액	₩1,400,000	직접노무원가 총액	₩500,000
A제품 직접노무원가	₩300,000	B제품 직접노무원가	₩200,000

① ₩400,000
② ₩500,000
③ ₩600,000
④ ₩700,000

31 서원회사는 두 개의 제조부문 A, B와 보조생산부문 S_1, S_2를 두고 있다. 20×2년 6월 중에 각 보조부문에서 생산한 보조용역의 사용비율은 다음과 같다. S_1부문과 S_2부문에서 당월 중 발생한 변동비는 ₩200,000과 ₩380,000이었다. 서원회사가 보조부문비의 배부에 상호배부법을 사용한다면 제조부문 A에 배부해야 하는 보조부문 총변동비는 얼마인가?

생산 \ 사용	S1	S2	A	B
S1	0	0.4	0.2	0.4
S2	0.2	0	0.4	0.4

① ₩260,000
② ₩280,000
③ ₩300,000
④ ₩320,000

ANSWER | 30.③ 31.①

30

① 예정제조간접비 배부율 : $\frac{₩1,500,000}{₩500,000}$ = ₩3/직접노무원가

② 제조간접비 배부액 : ₩2 × ₩300,000 = ₩600,000

31

$S_1 = 200,000 + 0.2S_2$

$S_2 = 380,000 + 0.4S_1$

$\therefore S_1 = 300,000,\ S_2 = 500,000$

$A = 0.2S_1 + 0.4S_2 = 0.2 \times 300,000 + 0.4 \times 500,000 =$ ₩260,000

$B = 0.4S_1 + 0.4S_2 = 0.4 \times 300,000 + 0.4 \times 500,000 =$ ₩320,000

32 보조부문원가를 직접배부법에 의해 제조부문에 배부할 경우 절단부문에 배부되는 보조부문원가의 합계는?

구분	제조부문		보조부문		합계
	절단부문	조립부문	동력부문	수선부문	
자기부문발생액	80,000	50,000	30,000	40,000	200,000
동력사용량(kw)	40	20	–	40	100
수선횟수(회)	5	3	2	–	10

① ₩32,000 ② ₩37,000
③ ₩40,000 ④ ₩45,000

33 소형라디오를 주문생산하는 영호회사에서는 2024년 4월 중 작업량 3,300개가 제시된 제조명령서 5호의 생산과 관련하여 다음과 같이 단위당 원가가 발생하였다. 한편, 제품의 최종검사과정에서 150개의 불량품과 300개의 공손품이 발견되었다. 불량품은 총원가 ₩150,000을 투입하여 재작업하였으며, 공손품은 모두 ₩450,000을 받고 외부에 매각처분하였다. 제조명령서 5호와 관련하여 발생한 정상제품의 단위 당 원가는?

직접재료비	₩3,000
직접노무비	₩2,400
제조간접비배부액	₩3,600
	₩9,000

① ₩8,900 ② ₩9,000
③ ₩9,800 ④ ₩9,950

ANSWER | 32.④ 33.③

32 직접배부법이므로 보조부문 상호 간의 용역수수를 무시한다.
※ 절단부문에 배부될 보조부문원가
㉠ 동력부문비 : 30,000 × 40/60 = ₩20,000
㉡ 수선부문비 : 40,000 × 5/8 = ₩25,000

33 위의 내용을 바탕으로 계산하면 다음과 같다.
㉠ 총제조원가

3,300 × (3,000 + 2,400 + 3,600) =	29,700,000
추가투입비	+150,000
매각처분비	△450,000
	29,400,000

㉡ 공손품 300개 제외한 단위당 원가 = 29,400,000 ÷ (3,300 − 300) = ₩9,800

34 영호회사는 정상원가방식에 의한 개별원가계산제도를 채택하고 있다. 아래 표는 6월에 수행된 3개 작업에 대한 자료이다. 실제 제조간접원가 발생액은 ₩60,000이었다. 제조간접원가 예정배부율은 직접노동시간당 ₩9이다. 작업 #601과 #602는 6월에 완성되었고, 작업 #603은 완성되지 않았다. 작업 #601에서 생산한 제품의 단위 당 원가를 계산하면 얼마인가?

	#601	#602	#603
작업에서 생산한 양	4,000	3,600	3,000
직접노동시간	2,400	2,000	1,800
직접재료원가	₩9,000	₩7,400	₩2,800
직접노무원가	₩19,200	₩16,000	₩14,400

① ₩7.05
② ₩12.45
③ ₩12.86
④ ₩24.30

ANSWER | 34.②

34 원가계산

	#601	#602	#603	합계
기초재공품	0	0	0	
직접재료비	9,000	7,400	2,800	19,200
직접노무비	19,200	16,000	14,400	49,600
배부제조간접비	㉠ … 21,600	㉡ … 18,000	㉢ … 16,200	55,800
제품제조원가	49,800	41,400	33,400(미완성)	

㉠ 2,400 × 9 = 21,600
㉡ 2,000 × 9 = 18,000
㉢ 1,800 × 9 = 16,200
#601의 단위당 원가 : 49,800/4,000 = @12.45

35 기말제조간접비 배부 부족액 ₩50,000을 재공품에 배부할 때 배부되는 금액은 얼마인가? (단, 일원 단위에서 반올림)

	재공품	완성품	매출원가
직접재료비	₩20,000	₩7,000	₩140,000
직접노무비	₩40,000	₩18,000	₩300,000
제조간접비	₩60,000	₩21,000	₩375,000
계	₩120,000	₩46,000	₩815,000

① ₩5,590
② ₩6,120
③ ₩6,650
④ ₩7,120

ANSWER | 35.②

35 재공품에 배부할 제조간접비 계산

㉠ 총원가기준법에 의한 계산

재공품 : $50,000 \times \frac{120,000}{(120,000+46,000+815,000)} =$ ₩6,120

제품 : $50,000 \times \frac{46,000}{981,000} =$ ₩2,340

매출원가 : $50,000 \times \frac{815,000}{981,000} =$ ₩41,540

계 ₩50,000

㉡ 원가요소기준법에 의한 계산

재공품 : $50,000 \times \frac{60,000}{(60,000+21,000+375,000)} =$ ₩6,580

제　품 : $50,000 \times \frac{21,000}{456,000} =$ ₩2,300

매출원가 : $50,000 \times \frac{375,000}{456,000} =$ ₩41,120

계 ₩50,000

따라서 원가요소기준법에 의한 해답은 없으므로 총원가기준법에 의하여 답을 고른다.

| 36~37 | 서원회사는 개별원가계산을 하고 있다. 제조간접비는 직접노무비의 150%의 예정배부율로 배부된다. 제조간접비의 과부족은 매월 말 매출원가계정에서 조정한다. 추가정보는 다음과 같다.

㉠ 작업지령서 #101만이 20×2년 1월 31일에 작업 중이며, 원가는 다음과 같다.

직 접 재 료 비	₩4,000
직 접 노 무 비	₩2,000
제조간접비배부액	₩3,000
	₩9,000

㉡ 작업지령서 #102, #103, #104는 2월에 작업이 시작된 것이다.
㉢ 2월 중에 소비된 직접재료비는 ₩260,000이다.
㉣ 2월 중에 발생한 직접노무비는 ₩32,000이다.
㉤ 2월 중에 제조간접비 실제발생액은 ₩32,000이다.
㉥ 20×2년 2월 28일 현재 가동 중인 작업지령서는 #104뿐이며, 직접재료비는 ₩2,800, 직접노무비는 ₩1,800이다.

36 2월 중에 생산된 제품의 원가는 얼마인가?

① ₩77,700
② ₩78,000
③ ₩79,700
④ ₩85,000

37 20×2년 2월 28일에 매출원가계정에 마감된 제조간접비 과부족은 얼마인가?

① ₩700 과대
② ₩1,000 과대
③ ₩1,700 부족
④ ₩2,000 부족

ANSWER | 36.① 37.④

36

재공품

차변	금액	대변		금액
기초재공품	9,000	제품		77,700
직접재료비	26,000		직접재료비	2,800
직접노무비	20,000	기말재공품	직접노무비	1,800
제조간접비	㉠…30,000		제조간접비	㉡…2,700
	85,000			85,000

㉠ 당기배부제조간접비 : 20,000 × 1.5 = ₩30,000
㉡ 기말재공품의 제조간접비 : 1,800 × 1.5 = ₩2,700

37 제조간접비 과부족계산

㉠ 배부제조간접비 : 20,000 × 150% = ₩30,000
㉡ 실제제조간접비 : ₩32,000
㉢ 부족배부 : ₩2,000

38 학용품 전문생산업체인 서원회사는 20×2년 초에 개발한 신제품을 최초로 10,000개 생산하는데 다음과 같은 비용이 발생할 것으로 추정한다. 서원회사의 제품생산이 80% 학습곡선을 따른다고 가정하면 누적생산량이 80,000개인 주문에 대해 제안하여야 한 최소한의 판매가격은?

• 직접재료비	₩900,000
• 직접노무비(시간당 ₩10)	₩400,000
• 변동제조간접비(직접노무비시간에 비례하여 발생)	₩80,000
• 고정제조간접비(배부액)	₩150,000

① ₩9,166,080
② ₩9,346,080
③ ₩10,040,000
④ ₩10,396,080

ANSWER | 38.①

38 누적생산량에 따른 총노무비 변동

누적생산량	단위당노무비	총노무비
10,000	40	₩400,000
20,000	32	₩640,000
40,000	25.6	₩1,024,000
80,000	20.48	₩1,638,400

직접재료비 80,000 ×@90 =	₩7,200,000
직접노무비	₩1,638,400
변동제조간접비 1,638,400 × 0.2 =	₩327,680
총제조원가	₩9,166,080

※ 학습곡선

㉠ **누적평균시간 학습곡선**: 누적생산량이 2배가 됨에 따라 누적생산량단위당 평균노동시간 또는 평균변동원가가 그 전단계의 일정비율로 감소하는 학습곡선

㉡ **증분단위시간 학습곡선**: 최종단위를 생산하는데 소요된 시간, 즉 증분단위시간이 누적생산량이 2배가 됨에 따라 그 전단계의 일정비율로 감소하는 학습곡선

39 다음의 자료를 참조하여 총매입액을 계산하면?

- 총매출액 : 700,000원
- 기초재고액 : 120,000원
- 기말재고액 : 150,000원
- 매출총이익 : 250,000원
- 매입에누리 : 40,000원
- 매출에누리 : 60,000원

① ₩460,000　② ₩510,000
③ ₩550,000　④ ₩570,000

39 위의 조건을 기반으로 계산하면 다음과 같다.
- 순매출액(760,000원) = 총매출액(700,000원) + 매출에누리(60,000원)
- 매출원가(390,000원) = 순매출액(640,000원) − 매출총이익(250,000원)
- 순매입액(420,000원) = 매출원가(390,000원) − 기초재고액(120,000원) + 기말재고액(150,000원)
- 총매입액(460,000원) = 순매입액(420,000원) + 매입에누리(40,000원)

CHAPTER 02 종합원가계산, 결합원가계산

1 개별원가계산과 종합원가계산의 차이점을 설명한 것 중 틀린 것은?

① 개별원가계산은 완성품 환산량을 기준으로 원가를 완성품과 기말재공품에 배부하며, 종합원가계산은 작업원가표에 의해 원가를 배부한다.
② 개별원가계산은 각 작업별로 원가를 집계하나 종합원가계산은 공정별로 원가를 집계한다.
③ 개별원가계산은 작업별로 개별원가계산표를 작성하며, 종합원가계산은 공정별로 제조원가보고서를 작성한다.
④ 개별원가계산은 다품종 소량주문 생산, 종합원가계산은 동종제품 대량 생산하는 업종에 적합하다.

2 ㈜합격은 평균법에 의한 실제종합원가계산을 이용하여 재고자산 평가와 매출원가계산을 하였다. 기초에 비하여 기말에 재공품 잔액이 증가하였으나 재공품 수량은 동일한 경우 이 현상을 설명하는 요소가 아닌 것은?

① 전년도에 비하여 고정제조간접원가가 증가하였다.
② 전년도에 비하여 노무원가의 임률이 상승하였다.
③ 전년도에 비하여 판매량이 증가하였다.
④ 전년도에 비하여 생산량이 감소하였다.

ANSWER | 1.① 2.③

1 ① 종합원가계산은 완성품환산량을 기준으로 원가를 완성품과 기말재공품에 배부하며, 개별원가계산은 작업원가표에 의해 원가를 배부한다.

2 제공품수량이 동일하면서 '기초재공품원가 < 기말재공품원가'가 되기 위해선 기말재공품 완성도가 증가하거나 완성품환산량 단위 당 원가가 전기보다 증가하여야 한다.

3 단일종류의 제품을 2개 이상의 공정을 통하여 생산하는 경우 적용되는 원가계산방법은?

① 공정별종합원가계산
② 조별종합원가계산
③ 등급별종합원가계산
④ 연산품종합원가계산

4 다음 중 종합원가계산에서 평균법에 대한 설명으로 옳지 않은 것은?

① 환산량 단위원가에는 전기의 원가와 당기투입원가가 포함된다.
② 산출 측면을 강조한다.
③ 당기업적에 대한 능률평가가 부정확하다는 단점이 있다.
④ 완성품과 기말재공품원가에는 당기투입원가로만 구성된다.

5 가중평균법을 적용한 종합원가계산에 대한 설명으로 가장 옳지 않은 것은?

① 선입선출법에 비하여 가중평균법은 당기의 성과를 이전의 기간과 독립적으로 평가할 수 있는 보다 적절한 기회를 제공한다.
② 흐름생산의 경우 선입선출법이 가중평균법에 비해 실제 물량흐름에 보다 충실한 원가흐름가정이라 볼 수 있다.
③ 가중평균법은 기초재공품 모두를 당기에 착수 · 완성한 것으로 가정한다.
④ 가중평균법은 착수 및 원가발생시점에 관계없이 당기 완성량의 평균적 원가를 계산한다.

ANSWER | 3.① 4.④ 5.①

3 ① 공정별종합원가계산에 대한 설명으로 화학, 자동차생산업 등이 있다.

4 평균법에서 완성품과 기말재공품의 원가는 기초재공품원가와 당기투입원가의 합계로 구성되어 있다.

5 가중평균법은 전기에 투입되어 이월된 원가와 당기에 투입된 원가를 평균하는 방법이므로 당기의 성과와 이전 기간의 성과를 독립적으로 평가하기에는 부적절하다.

6 선입선출법에 의한 당기완성품환산량 단위당 원가계산에 대하여 옳게 설명한 것은?

① 선입선출법은 당기투입원가만을 고려하여 계산한다.
② 선입선출법은 당기투입원가에 기초재공품원가를 가산하여 계산한다.
③ 선입선출법은 당기투입원가에 기초재공품원가를 차감하여 계산한다.
④ 선입선출법은 당기투입원가에 기말재공품원가를 가산하여 계산한다.

7 ㈜서원의 2025년 3월 생산자료는 다음과 같다. 원재료는 공정 초에 투입되며, 가공비의 경우 기초재공품은 70% 완성되고 기말재공품은 40% 완성되었다. 공손은 공정의 마지막 단계에서 탐지되었다. 평균법 사용 시 ㈜서원의 가공비의 완성품환산량은 몇 개인가?

- 3월 1일 기초재공품 30,000개
- 3월 착수량 120,000개
- 완성 후 제품계정에 대체 99,000개
- 비정상적 공손 6,000개
- 3월 31일 기말재공품 45,000개

① 117,000개
② 123,000개
③ 125,000개
④ 135,000개

ANSWER | 6.① 7.②

6 평균법은 당기투입원가에 기초재공품원가를 가산하여 계산하나, 선입선출법은 당기투입원가만을 고려한다.

7 평균법적용 시 완성품환산량은 다음과 같다.

	물량	환산량: 직접재료비	환산량: 가공비
완성	99,000	99,000	99,000
비정상	6,000(100%)	6,000	6,000
기말	45,000(40%)	45,000	18,000
계	150,000	150,000	123,000

8 ㈜서원은 평균법에 의한 실제종합원가계산을 이용하여 재고자산평가와 매출원가계산을 한다. 회계연도초에 비해 연도말에 재공품 재고자산의 잔액이 증가하였다. 그러나 회계연도초와 회계연도말의 재공품의 물량은 동일하다. 이 현상을 설명하는 요소가 아닌 것은?

① 전년도에 비해 고정제조간접원가가 증가하였다.
② 전년도에 비해 노무임률이 상승하였다.
③ 연초보다 연말 재공품 재고완성도가 증가하였다.
④ 전년도에 비해 판매량이 감소하였다.

9 ㈜현웅의 월초 현재 재공품은 1,000개, 가공 정도는 70%이며, 월말 재공품 500개에 대한 가공정도는 60%인 상태이다. 완성된 것은 700개이며 다음 공정으로 대체되었다. ㈜현웅이 평균법을 이용하고 있을 때 다음 자료를 이용하여 제품 1단위당 총원가를 구하면 얼마인가? (단, 재료는 공정 초기에 투입되며 가공비는 공정 전반에 걸쳐 발생한다)

	직접재료비	가공비
• 기초	₩9,000	₩7,000
• 당기원가발생액	27,000	13,000

① ₩40
② ₩50
③ ₩60
④ ₩70

ANSWER | 8.④ 9.②

8 전년도에 비해서 당기생산량이 감소한 경우 고정제조간접비의 환산량 단위당원가가 크게 표시되므로 기말재공품 평가액은 커진다. 판매량과는 무관하다.

9

물량흐름	완성품환산량 재료비	완성품환산량 가공비	
완성품 700	700	700	
기말재공품 500(60%)	500	300	
	1,200	1,000	→ ㉠
총원가합계	₩36,000	₩20,000	→ ㉡
1 단위당 원가	₩30	₩20	← ㉡ ÷ ㉠

∴ 제품 단위당 원가합계 ₩30 + ₩20 = ₩50

10 ㈜한국은 종합원가계산제도를 채택하고 있으며, 원재료는 공정의 초기에 전량 투입되며, 가공원가는 공장 전반에 걸쳐서 완성도에 따라 균등하게 발생한다. 재료원가의 경우 평균법에 의한 완성품환산량은 78,000단위이고, 선입선출법에 의한 완성품환산량은 66,000단위이다. 또한 가공원가의 경우 평균법에 의한 완성품환산량은 54,400단위이고, 선입선출법에 의한 완성품환산량은 52,000단위이다. 기초재공품은 몇 %인가?

① 10%
② 15%
③ 20%
④ 25%

11 2024년에 영업을 개시한 ㈜서울은 평균법에 의한 종합원가계산방법으로 원가를 계산한다. 다음 자료를 이용하여 당기의 완성품원가와 기말재공품원가를 구하면?

- 기초 0
- 당기투입량 4,000
- 기말 1,000
- 완성도 40%
- 직접재료비 ₩1,600,000
- 직접노무비 ₩870,000
- 제조간접비 ₩320,000

	완성품 원가	기말재공품원가
①	₩1,750,000	₩540,000
②	₩2,050,000	₩640,000
③	₩2,250,000	₩540,000
④	₩2,250,000	₩600,000

ANSWER | 10.③ 11.③

10 (1) 기초재공품의 재료원가 완성품환산량 = 78,000 - 66,000 = 12,000
원재료가 공정초기 전량투입되므로 기초재공품수량도 12,000
(2) 기초재공품의 가공원가 완성품환산량 = 54,400 - 52,000 = 2,400
(3) 2,400 = 12,000 × 기초재공품의 완성도
∴ 기초재공품 완성도 = 20%

11

차변	대변
0	3,000
4,000	1,000(40%)

	재료비	가공비
	3,000	3,000
	1,000	400
완성품환산량	4,000	3,400 → ㉠
총원가	₩1,600,000	₩1,190,000 → ㉡
환산량단위원가	@400	@350 ← ㉡ ÷ ㉠

완성품원가 3,000 × @400 + 3,000 × @350 = ₩2,250,000
기말재공품원가 1,000 × @400 + 400 × @350 = ₩540,000

12 다음 자료를 보고 평균법에 의한 가공비의 완성품환산량을 계산하면 얼마인가?

> ㉠ 기초 재공품 : 12,000단위 　　㉡ 기말 재공품 : 24,000단위(40%)
> ㉢ 완성품수량 : 20,000단위 　　㉣ 착수량 : 32,000단위
> 원재료는 공정 초에 전량 투입되고, 가공비는 공정 전반에 걸쳐 균등하게 발생한다.

① 42,000단위 　　② 29,600단위
③ 27,600단위 　　④ 41,600단위

13 ㈜백두산의 월초재공품은 800개이고 가공 정도는 60%이며 월말 600개에 대한 가공 정도는 40%인 상태이다. 완성된 것은 800개이고 이는 다음 공정으로 대체되었다. ㈜백두산은 평균법을 이용하여 제품원가를 계산하고 있다. 이 회사의 제품 1단위 당 총원가는 얼마인가? (단, 재료는 공정 초기에 투입되고 가공비는 공정 전반에 걸쳐 발생한다)

	직접재료비	가공비
기초	₩20,000	₩6,600
당기발생원가	₩50,000	₩35,000
계	₩70,000	₩41,600

① ₩60 　　② ₩70
③ ₩80 　　④ ₩90

ANSWER | 12.② 13.④

12 가공비 완성품환산량 = 완성품(20,000) + 기말재공품(24,000 × 40%) = 29,600단위

13

	800
	600(40%)

	재료비	가공비
	800	800
	600	240
	1,400개	1,040개 → ㉠
총원가	₩70,000	₩41,600 → ㉡
1단위당 원가	@50	@40 ← ㉡ ÷ ㉠

합계 @50 + @40 = @90

▌14~17▐ 영호회사의 배합공장인 배합부에서는 종합원가계산을 하는데 평균법을 사용하고 있다. 아래에 다음과 같은 자료가 있다. 공손품의 검사는 공정의 완료시점에서 실시된다.

- 기초재공품(60%) 100개
- 정상적 공손량 40개
- 차공정 대체의 정상품량 540개
- 기초재공품의 전환원가(가공비) ₩2,000,000
- 전공정 대체량 620개
- 비정상적 공손량 60개
- 기말재공품(75%) 80개
- 당기의 전환원가 ₩9,200,000

14 단위 당 전환원가는?

① ₩14,000
② ₩16,000
③ ₩17,037
④ ₩17,500

15 전환원가의 환산단위 수(equivalent units)는?

① 100개
② 540개
③ 640개
④ 700개

16 정상적 공손의 총전환원가는?

① ₩560,000
② ₩640,000
③ ₩681,000
④ ₩700,000

ANSWER | 14.② 15.④ 16.②

14 (기초재공품의 전환원가 + 당기 전환원가) ÷ 환산량
= (2,000,000 + 9,200,000) ÷ 700 = @16,000

15 가공비환산량은 다음과 같다.

	물량	가공비 환산량
완성량	540	540
정상공손	40(100%)	40
이상공손	60(100%)	60
기말	80(75%)	60
	720	700

16 정상공손원가 = 40 × 16,000 = ₩640,000

17 완성품의 총전환원가는?

① ₩8,000,000
② ₩8,320,000
③ ₩8,640,000
④ ₩9,280,000

18 S기업은 종합원가를 적용하는 회사이며 원가흐름은 평균법을 적용한다. 재료비는 제조착수 시에 투입하고 가공비는 진행률에 비례해서 투입될 때 기말재공품을 평가하면?

	재료비	가공비	계
기초재공품 40개 (진행률 50%)	2,000	1,000	3,000
당기완성품 160개	8,000	3,500	11,500
기말재공품 40개 (진행률 50%)	(㉠)	(㉡)	

① ㉠ ₩2,000, ㉡ ₩1,000
② ㉠ ₩4,000, ㉡ ₩500
③ ㉠ ₩2,000, ㉡ ₩500
④ ㉠ ₩4,000, ㉡ ₩1,500

ANSWER | 17.④ 18.③

17 '정상공손의 진척도 > 기말재공품의 진척도'이므로 정상공손은 완성품에 배분한다.
완성품의 총전환원가 = 540 × @16,000 + 640,000 = ₩9,280,000

18 총재료비와 가공비를 완성품환산량으로 나누고 기말재고품수량을 곱하면 기말재공품을 평가할 수 있다.
㉠ 재료비 : (2,000 + 8,000)/(160 + 40)개 × 40개 = ₩2,000
㉡ 가공비 : [(1,000 + 3,500)/{160개 + (40개 × 50%)}] × (40개 × 50%) = ₩500

19 ㈜ 대복은 2024년 4월 1일 기계장치를 ₩80,000에 취득하였는데, 이 기계장치는 내용연수가 5년이며 잔존가치는 ₩5,000이고 연수합계법에 의해 월할로 감가 상각한다. 이 때 ㈜ 대복이 이 기계장치를 2025년 10월 1일 ₩43,000에 처분한 경우에 기계장치의 처분손익을 구하면? (단, ㈜ 대복은 원가모형을 적용한다.)

① 처분이익 ₩4,000
② 처분이익 ₩2,000
③ 처분손실 ₩4,000
④ 처분손실 ₩2,000

20 ㈜서원은 2월부터 영업을 개시하였다. 선입선출법과 평균법에 의한 가공비 완성품환산량은 몇 개인가?

- 2월 중에 1,200단위를 착수하여 800단위를 완성하고 400단위는 2월말 현재 미완성 상태이다.
- 가공비는 공정 전반에 걸쳐 균등하게 발생한다.
- 기말재공품의 완성도는 80%이다.

	선입선출법	평균법
①	1,120개	1,120개
②	1,120개	1,200개
③	1,200개	1,120개
④	1,200개	1,200개

ANSWER | 19.④ 20.①

19 주어진 조건으로 계산해 보면 아래와 같이 나타낼 수 있다.

- 2024년 4월 1일~2025년 3월 31일 감가상각비 = $(₩80,000 - ₩5,000) \times \frac{5}{15} = ₩25,000$
- 2025년 4월 1일~2025년 10월 1일 감가상각비 = $(₩80,000 - ₩5,000) \times \frac{4}{15} \times \frac{6}{12} = ₩10,000$
- 2025년 10월 1일 기계장치 장부금액 = (₩80,000 − ₩35,000) = ₩45,000
- 기계장치 처분손실 : (₩43,000 − ₩45,000) = −₩2,000

20 기초재공품이 없으므로 원가흐름의 가정이 필요 없다(선입선출법 = 평균법)

물량흐름				완성품환산량 가공비
기초	0	완성품	800	800
당기착수	1,200	기말재공품	400 (0.8) →	320
계	1,200	계	1,200	1,120

21 서원㈜은 선입선출법을 이용하여 공정별 종합원가계산을 실시한다. 원재료는 1공정 개시시점에서 전량 투입된다. 다음 자료를 이용하여 1공정의 재료비와 가공비의 완성품 환산량을 계산하면?

• 기초재공품수량 300개(30%)	• 착수량 2,500개
• 2공정 대체량 2,300개	• 기말재공품수량 500개(40%)

	재료비	가공비
①	1,500개	1,800개
②	2,500개	2,410개
③	2,510개	2,300개
④	2,600개	2,200개

22 다음 자료에 따라 이상공손비를 구하면?

- 검사시점 50%, 공손수량 총 1,000개 : 정상공손 850개, 이상공손 150개
- 재료는 공정말에 투입
- 완성품환산량 단위 당 원가 : 전공정비 @6, 재료비 @8, 가공비 @10

① ₩1,550　② ₩1,650
③ ₩1,700　④ ₩1,850

ANSWER | 21.② 22.②

21 평균법 적용 시 완성품환산량은 다음과 같다.

	수량	재료비	가공비
기초 – 완성	300(30%)	–	210
당기 – 완성	2,000	2,000	2,000
기말재공품	500(40%)	500	200
완성품환산량		2,500	2,410

22 완성품환산량을 계산하면 다음과 같다.

		환산량		
	물량	전공정비	재료비	가공비
이상공손	150(50%)	150	–	75

따라서 이상공손비 = 150 × 6 + 75 × 10 = ₩1,650

23 다음 자료에 의하면 월말 재공품의 재료비와 가공비합계는 각각 얼마인가? (단, 재료는 제조, 진행에 따라 소비되고 선입선출법에 의함)

- 월초재공품 : 재료비 ₩400,000, 가공비 ₩600,000, 수량 500개(완성도 60%)
- 당월제조비용 : 재료비 ₩4,500,000, 가공비 ₩3,000,000
- 완성품 수량 : 2,600개
- 월말재공품 : 400개(완성도 50%)

① ₩400,000
② ₩500,000
③ ₩600,000
④ ₩700,000

24 ㈜혜빈은 감귤을 가공하여 향수를 추출하는 甲공정에서 3종류의 향수를 생산하며, 각 제품의 원가는 상대적 판매기준에 의하여 결정한다. 이때 甲공정에서 발생한 원가를 무엇이라고 하는가?

① 증분원가
② 결합원가
③ 매몰원가
④ 관련원가

ANSWER | 23.③ 24.②

23 재료비와 가공비 완성품환산량은 다음과 같다.

	수량	환산량
기초	500(60%)	
투입	2,500	
계	3,000	
기초	500(40%)	200
투입	2,100	2,100
기말	400(50%)	200
계	3,000	2,500

※ 재료비와 가공비환산량은 똑같다(모든 원가는 진척도에 따라 발생하므로). 따라서 기말재공품평가액 = (4,500,000 + 3,000,000) × 200/2,500 = ₩600,000이다.

24 동일한 원재료를 투입하여 동일 공정을 거쳐 동시에 생산되는 서로 다른 둘 이상의 제품 생산에 투입된 원가를 결합원가라 한다.

25 다음 자료에 따라 선입선출법으로 종합원가를 계산할 때 월말재공품의 재료비와 가공비의 합계를 구하면? (재료는 공정초기에 투입되고 가공비는 공정에 따라 균등하게 발생한다)

• 월초재공품 재료비 ₩400,000 가공비 ₩800,000	• 당월발생제조비용 재료비 ₩5,600,000 가공비 ₩2,500,000
• 월초재공품 500개(완성도 60%)	• 완성품수량 2,600개
• 당월착수량 2,500	• 월말재공품 (　　)(완성도 50%)

① ₩1,096,000
② ₩1,080,000
③ ₩1,700,000
④ ₩1,900,000

26 다음 중 결합제품(연산품)의 특징을 설명한 것으로 옳지 않은 것은?

① 일정한 단계(분리점)에 도달할 때까지는 개별적으로 식별이 불가능하다.
② 한 제품을 생산하는 과정에서 다른 제품도 생산된다.
③ 인위적으로 제품배합을 조정할 수는 있지만 그 한계가 있다.
④ 특정 회사의 부산물로 간주된 제품은 다른 기업에서도 부산물로만 간주된다.

ANSWER | 25.① 26.④

25

물량흐름				완성품환산량		
				재료비	가공비	
월초재공품	500(60%)	완성품				
당월착수량	2,500	월초재공품완성	500(40%)	0	200	
		당월착수완성	2,100	2,100	2,100	
		기말재공품	400(50%)	400	200	
계	3,000	계	3,000	2,500	2,500	→ ㉠
			당기발생원가	₩5,600,000	₩2,500,000	→ ㉡
			환산량단위원가	@₩2,240	@₩1,000	← ㉡ ÷ ㉠

∴ 월말재공품 : 400개 × @2,240 + 200개 × @1,000 = ₩1,096,000

26 주산물과 부산물은 절대적인 것이 아니고 다른 기업에서는 부산물이 주산물로 될 수 있다.

27 서원상사는 종합원가시스템을 사용한다. 다음은 6월의 자료이다. 6월에 350,000단위의 생산에 착수하였으며, 380,000단위를 완성하였다. 이 회사가 선입선출법(FIFO)을 사용한다고 할 때 6월 작업분에 대한 완성품 환산량을 계산하면?

	단위	완성도(%) 재료비	가공비
6월 1일 현재 재공품	60,000	65%	30%
6월 30일 현재 재공품	30,000	80%	40%

재료비	가공비
① 341,000단위	362,000단위
② 365,000단위	374,000단위
③ 383,000단위	350,000단위
④ 404,000단위	392,000단위

28 다음 중 결합원가를 배부하는 방법으로 옳지 않은 것은?

① 균등이익률법
② 공정가치법
③ 순실현가치법
④ 상대적 판매가치법

ANSWER | 27.② 28.②

27 재료비와 가공비 완성품환산량은 다음과 같다.

		물량	환산량 재료비	가공비
완성	기초분	60,000	㉠… 21,000	㉢… 42,000
	당기분	320,000	320,00	320,000
기말		30,000	㉡… 24,000	㉣… 12,000
계		410,000	365,000	374,000

㉠ $60,000 \times (1 - 0.65) = 21,000$
㉡ $30,000 \times 0.8 = 24,000$
㉢ $60,000 \times (1 - 0.3) = 42,000$
㉣ $30,000 \times 0.4 = 12,000$

28 결합원가 배부방법 중 공정가치법은 없다.

29 서원공업사의 2025년 5월의 재공품계정은 다음과 같다. 모든 재료는 공정의 초기에 투입된다. 기초재고는 재료비 ₩16,000과 가공비 ₩28,000으로 구성되었으며, 가공비완성도는 50%이다. 기말재고의 가공비완성도는 70%이다. 재고자산평가방법은 선입선출법(FIFO)이다. 제품이 80% 완성되었을 때 공손이 발견되고 이에 대한 원가를 정상적으로 배부한다면 완성된 제품의 원가는 얼마인가?

재공품		
기초재고(2,000단위)	₩44,000	완성품으로 대체(12,000단위)
재 료비	₩96,000	정상공손(1,000단위)
가공비	₩150,000	기말재고(1,000단위)

① ₩207,143
② ₩238,400
③ ₩256,000
④ ₩273,600

ANSWER | 29.④

29 평균법 적용 시 완성품환산량은 다음과 같다.

		물량	환산량 직접재료비	환산량 가공비
기초		2,000(50%)		
투입		12,000		
계		14,000		
완성	기초	2,000	0	1,000
	투입	10,000	10,000	10,000
정상공손		1,000(80%)	1,000	800
기말		1,000(70%)	1,000	700
		14,000	12,000	12,500

※ 환산량 단위당원가

㉠ 직접재료비 : 96,000/12,000 = @8

㉡ 직접노무비 : 150,000/12,500 = @12

기말재공품진척도 < 공손품진척도이므로 공손품원가(1,000 × 8 + 800 × 12 = 17,600)는 완성품원가에만 배분한다.

완성품원가 = 10,000 × 8 + 11,000 × 12 + 44,000 + 17,600 = ₩273,600

30 다음 중에 부산물의 특성을 잘못 설명하고 있는 항목은?

① 부산물은 결합제품 중 주산품에 비하여 판매가치가 상대적으로 낮다.
② 주산품을 생산하는 과정에서 부수적으로 생산되며 부산물만을 목적으로 생산하지는 않는다.
③ 부산물은 판매가능하게 하기 위하여 추가 가공할 수도 있다.
④ 부산물, 작업폐물, 감손은 가치가 거의 없거나 부(−)의 가치를 가진다.

31 ㈜서원은 연산품 A, B를 생산하고 있다. 20X1년 3월 연산품 생산에서 발생한 결합원가는 ₩100,000이고, 각 연산품의 생산량, 판매가격, 분리점 이후의 단위당 분리원가와 관련된 자료는 다음과 같다. 순실현가능가치를 기준으로 결합원가를 배분할 경우 각 연산품의 단위당 원가를 계산하면 얼마인가?

연산품	생산량	단위당 판매가격	단위당 분리원가
A	30개	₩3,000	₩1,000
B	20개	₩5,000	₩3,000

	연산품 A	연산품 B
①	₩3,000	₩5,000
②	₩2,000	₩4,000
③	₩2,000	₩5,000
④	₩3,000	₩4,000

ANSWER | 30.④ 31.①

30 부산물은 정(+)의 가치를 가진다.

31

구분	판매가치	분리원가	순실현 가능가치	결합원가 배분비율	결합원가 배분액	총원가	단위 당 원가
A	₩90,000	₩30,000	₩60,000	60%	₩60,000	₩90,000	₩3,000
B	₩100,000	₩60,000	₩40,000	40%	₩40,000	₩100,000	₩5,000
합계	₩190,000	₩90,000	₩100,000	100%	₩100,000	₩190,000	

32 ㈜서원기업은 A제품과 B제품으로 구성된 두 개의 연산품을 생산하고 있다. 8월의 결합원가는 ₩40,000이다. 8월에 분리점 이후 제품을 판매가능한 형태로 전환하는데 필요한 가공비는 A제품은 월생산량 1,500개에 대하여 ₩300,000이고 B제품은 1,375개에 대하여 ₩412,500이다. A제품과 B제품의 단위당 판매가격은 각각 ₩500과 ₩700이다. ㈜서원기업이 순실현가치를 이용하여 결합원가를 배분한다면 8월의 결합원가 중 A제품에 배분될 금액은 얼마인가?

① ₩16,000
② ₩16,667
③ ₩17,143
④ ₩18,000

33 영호회사는 A와 B 두 연산품을 생산한다. 6월에 A 800개와 B 400개의 연산품이 분리되어 나왔고, 그 뒤 이들을 각각 추가가공하는데 ₩240,000과 ₩360,000이 들었다. A의 판매가격은 ₩750이고 B는 ₩1,500이다. 순실현가치를 기준으로 결합원가 중 ₩270,000이 제품 A에 배부되었다. 6월의 결합원가총액은 얼마인가?

① ₩450,000
② ₩675,000
③ ₩810,000
④ ₩1,080,000

ANSWER | 32.④ 33.①

32 위의 내용을 바탕으로 계산하면 다음과 같다.

㉠ 순실현가치

A : 1,500 × 500 − 300,000 = ₩450,000

B : 1,375 × 700 − 412,500 = ₩550,000

㉡ 순실현가치에 따른 결합원가배분액

$$A : 40,000 \times \frac{450,000}{450,000 + 550,000} = ₩18,000$$

$$B : 40,000 \times \frac{550,000}{450,000 + 550,000} = ₩22,000$$

33 위의 내용을 바탕으로 계산하면 다음과 같다.

㉠ A의 순실현가치 : 800 × 750 − 240,000 = 360,000

㉡ B의 순실현가치 : 400 × 1,500 − 360,000 = 240,000

총결합원가를 x라 하면

$$x \times \frac{360,000}{360,000 + 240,000} = 270,000$$

$\therefore x = 450,000$

34 영호주식회사는 단일생산공정에서 甲, 乙, 丙 세 가지 제품을 생산하고 있다. 생산공정에서 발생하는 결합원가는 분리시점의 상대적 판매가치에 근거하여 배분하고 있다. 관련자료는 다음과 같다. 분리시점 후에 ₩6,000을 추가로 지출하여 제품 丙 200개 전체를 가공한 다음 단위당 ₩200에 판매하는 경우 제품 丙에서 발생하는 매출총이익은?

	제품			
	甲	乙	丙	합계
생산수량	600개	400개	200개	1,200개
결합원가	₩72,000	?	?	₩120,000
분리시점의 판매가치	?	?	₩30,000	₩200,000

① ₩10,000
② ₩16,000
③ ₩22,000
④ ₩36,000

35 부산물에 관한 회계처리에서 다음 중 옳은 것은?

① 결합원가는 부산물계정에 배부되어야 한다.
② 부산물의 판매수입은 매출원가에 가산한다.
③ 부산물의 순실현가치는 주생산물의 원가에서 차감한다.
④ 부산물은 정상적인 생산활동의 결과가 아니므로 이의 판매수입은 특별이익으로 처리한다.

ANSWER | 34.② 35.③

34 (丙)매출총이익을 구하면 다음과 같다.

㉠ (丙)결합원가배분액 : $120,000 \times \frac{30,000}{200,000}$ = ₩18,000

㉡ (丙)매출총이익 : 200 × 200 −(18,000 + 6,000) = ₩16,000

35 부산물처리방법에는 두 가지 방법이 있는데, 부산물의 순실현가치의 중요성이 있을 때는 생산시점에서 재고자산으로 기록하고 결합원가(제조원가)에서 차감한다. 생산시점회계처리이다.

〈차〉 부산물 ××× 〈대〉 제조원가 ×××

또 다른 방법은 판매시점에서 순수익을 잡이익으로 처리하는 방법이 있다.

〈차〉 현금 등 ××× 〈대〉 잡이익 ×××

36 서원회사는 생산과정에서 발생하는 부산물 X의 회계처리방법으로 부산물의 판매가격에서 제조공정 중 부산물의 분리비용 및 판매비용을 차감한 순실현가치를 주제품의 매출원가에서 차감한다. 부산물 X의 단위당 판매가격은 ₩20, 단위당 분리비용은 ₩7, 변동판매비는 ₩5이며, 당기 중 판매량은 20,000단위이었다. 만약 서원회사가 부산물의 순실현가치를 주제품의 매출액으로 가산하는 회계처리로 변경할 경우 당기의 매출총이익 증감액은?

① ₩160,000 감소
② ₩260,000 증가
③ ₩400,000 증가
④ 변동없음

37 판매가치법에 의한 연산품의 단위 당 원가를 계산하면?

• #1 제품 : 판매가격 ₩600, 생산량 200개 • #2 제품 : 판매가격 ₩400, 생산량 400개 • 연산품의 결합원가는 ₩210,000이다.

① #1 제품 ₩450, #2 제품 ₩300
② #1 제품 ₩250, #2 제품 ₩100
③ #1 제품 ₩200, #2 제품 ₩400
④ #1 제품 ₩350, #2 제품 ₩200

ANSWER | 36.④ 37.①

36 (매출액을 A라 하고 매출원가를 B라고 할 때 부산물의 순실현가치 '20,000 × (20 − 7 − 5) = 160,000'를 처리하면 다음과 같다.
A − (B − 160,000) = (A + 160,000) − B → 동일하다. 즉, 순실현가치에는 판매비가 고려되어 있으므로 매출액에 가산하거나 매출원가에서 차감하거나 매출총이익은 동일하다.

37 연산품의 판매가치는 생산된 제품의 판매가격과 생산량을 곱하여 #1 제품 = 120,000, #2 제품 = ₩160,000이다. 결합원가 ₩210,000을 판매가치의 비율대로 배분하여 각각의 판매수량으로 나누어 단위당 원가를 구하면 #1 제품 ₩450, #2 제품 ₩300이다.

38 서원상사는 석유화학업종으로 연산품원가계산(joint costing)을 적용하고 있다. 회사의 생산흐름은 다음과 같다. C제품 생산량 5리터 중 1리터의 기말재고가 있을 경우 재고자산금액은?
(단, 결합원가의 배분은 순실현가치법으로 하되 C제품 재고 외에 기초재고는 없는 것으로 함)

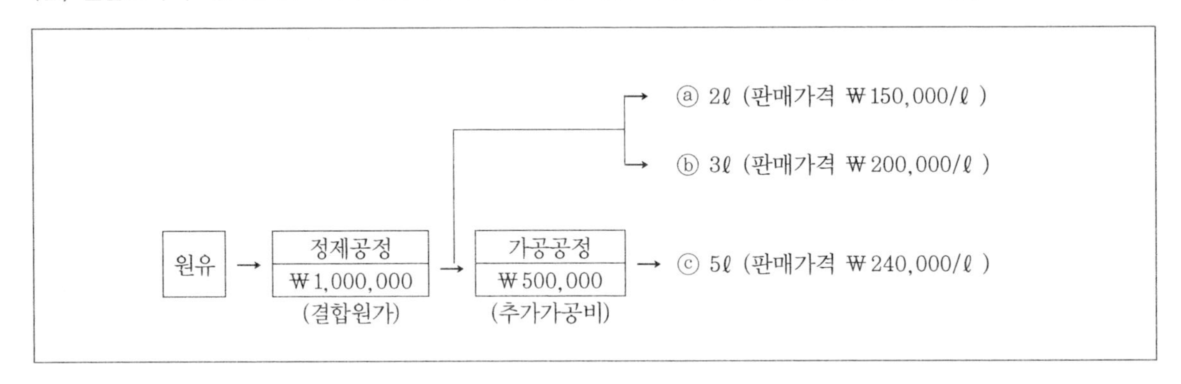

① ₩140,000
② ₩187,500
③ ₩260,000
④ ₩300,000

ANSWER | 38.②

38 위의 내용을 바탕으로 계산하면 다음과 같다.

㉠ 순실현가치

A제품 : 2 × 150,000 = 300,000(18.75%)
B제품 : 3 × 200,000 = 600,000(37.5%)
C제품 : 5 × 240,000 − 500,000(추가가공비) = 700,000(43.75%)
계 1,600,000

㉡ 순실현가치에 따른 결합원가배부액

A : 1,000,000 × 0.1875 = 187,500
B : 1,000,000 × 0.375 = 375,000
C : 1,000,000 × 0.4375 = 437,500
C제품원가(단위당원가) = (437,500 + 500,000) ÷ 5ℓ = @187,500/ℓ
C제품기말재고 = 1 × 187,500 = ₩187,500

▌39~40▐ 서원회사는 연산품 A, B, C를 생산한다. 추가자료는 다음과 같다.

	생산품			
	A	B	C	계
생산량	₩40,000	₩20,000	₩10,000	₩70,000
결합원가배분액	₩36,000	?	?	₩60,000
분리점에서의 판매가치	?	?	₩15,000	₩100,000
추가가공비	₩7,000	₩50,000	₩3,000	₩15,000
추가가공 후 판매가치	₩70,000	₩30,000	₩20,000	₩120,000

39 결합원가가 분리시점에서의 상대적 판매가치에 의하여 배분될 때 생산품 B와 C에 배분되는 결합원가는 각각 얼마인가?

	제품 B	제품 C
①	₩12,000	₩12,000
②	₩14,400	₩9,600
③	₩15,000	₩9,000
④	₩16,000	₩8,000

40 제품 C의 단위 당 원가는 얼마인가?

① ₩0.9
② ₩1.2
③ ₩1.5
④ ₩6

ANSWER | 39.③ 40.②

39 생산품 B와 C에 배분되는 결합원가

㉠ C의 결합원가배분액 : $60,000 \times \frac{15,000}{100,000} = ₩9,000$

㉡ B의 결합원가배분액 : 60,000 − (36,000 + 9,000) = ₩15,000

40 추가가공 시 증분수익(20,000 − 15,000 = 5,000)이 증분비용인 추가가공비 3,000보다 크므로 추가가공 한다.
C제품 단위 당 원가 = (9,000 + 3,000) ÷ 10,000 = @1.2

41 최근 2년 간 생산량 및 총제조원가는 아래의 표와 같다. 2년 간 고정원가 및 단위 당 변동원가는 변화가 없는 상황이다. 아래의 표를 참조하여 2025년도에 고정원가가 10% 증가하고 단위 당 변동원가가 20% 감소하게 되면 생산량이 4,000개인 경우 총제조원가는 얼마인지 구하면?

	생산량	총제조원가
2023년	2,000개	₩50,000,000
2024년	3,000개	₩60,000,000

① ₩55,000,000
② ₩57,000,000
③ ₩61,000,000
④ ₩65,000,000

ANSWER | 41.④

41 고저점법에 의해 원가함수를 추정할 시 아래와 같다.

Y=₩30,000,000+10,000X

2025년도에 고정원가가 10% 증가하고 단위 당 변동원가가 20% 감소하게 되면 원가함수는 아래와 같이 변화하게 된다.

Y=₩33,000,000+8,000X

이 때, X에 4,000을 대입하게 되면 ₩65,000,000원이 된다.

전부원가와 변동원가계산, 표준원가계산

1 다음은 생산량 및 판매량과 관련된 전부원가계산과 변동원가계산 및 초변동원가계산의 특징을 설명한 것이다. 틀린 것은?

① 전부원가계산에서는 기초재고가 없을 때 판매량이 일정하다면 생산량이 증가할수록 매출총이익이 항상 커진다.

② 생산량이 판매량보다 많으면 전부원가계산의 영업이익이 변동원가계산의 영업이익보다 항상 크다.

③ 변동원가계산 하의 영업이익은 판매량에 비례하지만, 전부원가계산하의 영업이익은 생산량과 판매량의 함수관계로 결정된다.

④ 초변동원가계산에서는 기초재고가 없고 판매량이 일정할 때 생산량이 증가하더라도 재료처리량 공헌이익은 변하지 않는다.

2 ㈜현웅은 2025년에 250,000단위를 생산하였고, 예산 역시 같다. 기초재고는 없다고 가정하며 변동제조원가와 변동판매관리비의 합은 단위당 ₩40이고, 예산 및 실제 고정제조간접비는 ₩700,000이었으며 고정판매관리비는 ₩300,000이다. 2025년 판매량은 200,000단위이고 판매가격은 ₩50이다. 전부원가계산에 의한 영업이익은 얼마인가?

① ₩1,040,000　　② ₩1,140,000

③ ₩1,240,000　　④ ₩1,340,000

ANSWER | 1.② 2.②

1 ② 기초제품과 당기 생산된 제품의 단위당 고정제조간접원가가 동일한 경우에만 전부원가계산의 영업이익이 변동원가계산의 영업이익보다 항상 크다.

2 CVP분석에 의한 변동원가이익 : 200,000개 × (50 − 40) − (700,000 + 300,000) = ₩1,000,000
고정제조간접비 배부율 : ₩700,000 ÷ 250,000개 = 2.8원/개
전부원가이익 = 변동원가이익 + 기말재고에 포함된 고정제조간접비 − 기초재고에 포함된 고정제조간접비
1,000,000 + 50,000 × 2.8 − 0 = ₩1,140,000

3 변동(직접)원가계산에 의한 손익계산서와 관련된 설명으로 옳지 않은 것은?

① 공헌이익을 계산한다.
② 변동제조간접원가는 매출원가에 포함되지 않는다.
③ 고정제조간접원가는 매출원가에 포함되지 않는다.
④ 판매비와일반관리비를 변동원가와 고정원가로 분리하여 보고한다.

4 다음은 변동원가계산의 유용성을 설명한 것이다. 옳지 않은 것은?

① CVP분석모형에 유용하고 관리자의 의사결정에 유용한 정보를 제공할 수 있다.
② 변동원가계산 순이익은 판매량에만 영향을 받는다.
③ 고정제조간접비를 당기비용으로 처리하므로 원가의 자의적 배분을 방지할 수 있다.
④ 기업회계기준에서 인정되고 있다.

5 다음 중 변동원가계산의 목적을 설명한 것으로 옳지 않은 것은?

① 예산설정
② 경영관리
③ 판매가격 결정
④ 정상적인 재무보고

ANSWER | 3.② 4.④ 5.④

3 ② 변동원가계산에서 변동제조원가는 매출원가에 포함된다.

4 변동원가계산은 GAAP에서 인정하지 않는다.

5 ④ 전부원가계산의 목적이다.

6 통상적으로 조업도의 수준이 증가할수록 원가 총액이 증가하고, 조업도 수준이 감소할수록 원가총액이 감소하는 원가행태를 나타내는 것은?

① 생산직관리자에 대한 상여금
② 영업사원에게 지급하는 영업수당
③ 개별제품을 제조하기 위한 원재료 투입비용
④ 공장건물에 대한 감가상각비

7 서원주식회사는 직접원가계산방법과 전부원가계산방법을 모두 사용한다. 다음은 서원주식회사의 비용내역이다. 전부원가계산에 의한 당기 영업이익은 직접원가계산에 의한 당기영업이익과 비교하여 어떤 차이가 있는가?

	수량	변동비	고정비
기초재공품	150단위	₩100,000	₩240,000
기말재공품	300단위	₩200,000	₩480,000
기초제품	750단위	₩600,000	₩800,000
기말제품	600단위	₩480,000	₩640,000
매출원가	4,650단위	₩3,780,000	₩4,960,000

① ₩80,000만큼 작다.
② ₩80,000만큼 크다.
③ ₩160,000만큼 작다.
④ ₩160,000만큼 크다.

ANSWER | 6.③ 7.②

6 변동원가에 대한 설명으로 직접재료비는 변동원가에 해당된다.

7 전부원가순이익 − 직접원가순이익
= 기말재고자산에 포함된 고정제조간접비 − 기초재고자산에 포함된 고정제조간접비
= (480,000 + 640,000) − (240,000 + 800,000) = ₩80,000
따라서 전부원가 순이익이 ₩80,000 더 크다.

8 다음은 변동원가계산과 전부원가계산에 대한 설명이다. 바르게 분류된 것은?

> ㉠ 행태별 원가분류가 필요하다.
> ㉡ 단기적인 계획과 통제에 유용하지 못한다.
> ㉢ 일반적으로 인정된 기업회계기준(GAAP)에서 인정하지 않는다.
> ㉣ 기간손익이 재고수준의 변동에 영향을 받는다.

변동원가	전부원가	변동원가	전부원가
① ㉠㉡	㉢㉣	② ㉠㉢	㉡㉣
③ ㉠㉣	㉡㉢	④ ㉡㉢	㉠㉣

9 단일제품을 생산 · 판매하는 서원회사의 2025년 단위 당 변동제조간접비는 ₩2,000이었으며, 총고정제조간접비는 ₩600,000이었다. 2025년 제품의 생산 및 판매량은 다음과 같다. 고정제조간접비 배부율은 150,000단위를 기준으로 하였으며, 이 배부율은 기초재고와 당기제품에 동일하게 적용된다. 한편 과소 혹은 과대배부된 제조간접비는 전액 매출원가에서 조정한다. 변동원가계산에 의한 당기순이익이 ₩800,000이었다면 전부원가계산에 의한 서원회사의 2025년 당기순이익은?

> • 기초재고 25,000단위
> • 생산량 140,000단위
> • 판매량 160,000단위
> • 기말재고 5,000단위

① ₩80,000
② ₩720,000
③ ₩740,000
④ ₩780,000

ANSWER | 8.② 9.②

8 고정제조간접비는 기간비용으로 처리하고 변동제조원가만을 제품의 원가로 보는 것이 변동원가계산이다.

9 고정제조간접비배부율 = 600,000/150,000 = 4
전부원가순이익 − 직접원가순이익 = 5,000 × 4 − 25,000 × 4 = −80,000 즉, 전부원가순이익이 변동원가 순이익보다 ₩80,000만큼 작다.
∴ 전부원가순이익 = 800,000 − 80,000 = ₩720,000

10 어느 한 회사의 고정비의 비중이 유례없이 증가되었을 때 손익계산서상 당기순이익을 가장 적게 하는 계산방법은?

① 초변동원가계산방법　　② 표준원가계산방법
③ 전부원가계산방법　　④ 정상원가계산방법

11 ㈜혜빈은 당기 중에 10,000단위의 제품을 생산판매하였으며 당기의 원가자료는 다음과 같다. 기초재고 및 기말재자산은 없고, 고정제조간접비는 실제생산량을 기준으로 배부한다. 전부원가와 변동원가계산하에서 제품의 단위 당 제조원가는 각각 얼마인가?

• 직접재료비	₩200,000
• 직접노무비	₩100,000
• 변동제조간접비	₩50,000
• 고정제조간접비	₩100,000
• 변동판매관리비	₩25,000
• 고정판매관리비	₩65,000
합계	₩540,000

	전부원가	변동원가
①	₩40	₩30
②	₩45	₩30
③	₩45	₩35
④	₩45	₩45

ANSWER | 10.① 11.③

10 고정비의 비중이 가장 커졌을 경우 전부원가계산에서는 고정제조간접비가 제품원가에 포함되지만 초변동원가는 직접재료비만 제품원가에 포함되고 나머지는 기간비용으로 처리하기 때문에 순이익이 가장 작아진다.

11

	변동제조원가	전부제조원가
직접재료비	₩200,000	₩200,000
직접노무비	₩100,000	₩ 100,000
변동제조간접비	₩50,000	₩50,000
고정제조간접비	-	₩100,000
계	₩350,000	₩450,000
÷ 생산량	÷ 10,000단위	÷ 10,000단위
단위원가	@35	@45

12 솔로상사는 단일제품을 생산하고 있다. 2024년 동안 총 5,000단위를 생산하였다. 이 회사는 제품원가에 포함될 전부원가계산에 의한 단위원가와 직접원가계산에 의한 단위원가를 계산해보고자 한다. 각각 얼마씩 계산되겠는가?

	변동비(단위원가)	고정비
직접재료비	@500	
직접노무비	@700	
제조간접비	@400	₩2,000,000
판매비및일반관리비	@350	₩1,750,000

	전부원가	직접원가
①	₩1,600	₩1,600
②	₩1,600	₩2,000
③	₩2,000	₩1,600
④	₩2,000	₩1,950

13 전부원가계산방법에 의한 순이익과 변동원가계산방법에 의한 순이익의 차이를 구하면?

- 당기생산량 900개
- 기초재고 0
- 당기판매량 700개
- 기말재고 200개
- 단위당판매가 ₩15
- 단위당변동비 ₩5
- 고정제조간접비 ₩1,800
- 단위당 변동판매비 ₩1
- 고정판매비 ₩200

① ₩100
② ₩200
③ ₩300
④ ₩400

ANSWER | 12.③ 13.④

12 전부원가계산방법 아래에서는 고정제조간접비가 제품원가에 포함되므로 그 금액만큼 직접원가계산에 비하여 높게 나타난다.

㉠ 직접원가계산 : @500 + @700 + @400 = @1,600

㉡ 전부원가계산 : $@50 + @700 + 400 + \frac{₩2,000,000}{5,000단위} = @2,000$

13 고정제조간접비배부율 = 1,800/900 = 2

전부원가순이익 − 변동원가순이익 = (200 − 0) × 2 = 400 즉, 전부원가순이익이 ₩400 더 크다.

14 지난 회계기간 동안의 서원기업의 자료는 다음과 같다. 기초제품재고가 없다고 할 때 직접원가계산에 의한 서원기업의 기말제품재고와 영업이익을 올바르게 표시한 것은?

- 순매출 ₩1,400,000
- 고정제조원가 ₩315,000
- 고정영업비용 ₩140,000
- 판매량 60,000단위
- 변동제조원가 ₩630,000
- 변동영업비용 ₩98,000
- 생산량 70,000단위

	기말제품재고액	영업이익
①	₩90,000	₩307,000
②	₩104,000	₩352,000
③	₩135,000	₩217,000
④	₩149,000	₩135,000

15 다음 중 재고자산의 취득원가에 포함시켜야 하는 항목을 〈보기〉에서 모두 고르면?

〈보기〉

㉠ 취득과정에서 발생한 하역료
㉡ 판매 시의 운송비용
㉢ 수입관세
㉣ 보유과정에서 발생한 보험료

① ㉠, ㉡
② ㉡, ㉢
③ ㉡, ㉣
④ ㉠, ㉢

ANSWER | 14.① 15.④

14 변동비 배부율 $= \frac{630,000}{70,000} + \frac{98,000}{60,000} = 10.63$

매출	1,400,000
변동비 60,000 × 10.63 ≒	△638,000
고정비 315,000 + 140,000 =	△455,000
영업이익	307,000

※ 기말재고 $= 10,000 \times \frac{630,000}{70,000} = 90,000$

15 취득과정에서 발생하는 하역료, 수입관세는 취득원가에 포함되지만 판매 시의 운송비용, 보유과정에서 발생한 보험료는 발생기간의 비용으로 처리한다.

16 생산량 7,000개 중에서 5,000개가 1개당 @500씩 판매되었다고 한다면 전부원가계산의 순이익은 변동원가(직접원가)계산의 순이익에 어떻게 변화하겠는가? (다만, 당기의 고정제조간접비는 ₩140,000이였고 기초재고는 없었다)

① 전부원가계산이 ₩40,000 크다.

② 변동원가계산이 ₩40,000 크다.

③ 전부원가계산이 ₩80,000 크다.

④ 변동원가계산이 ₩80,000 크다.

17 2025년도 변동예산을 세우고 있는 서원회사의 최대조업도에 관한 정보는 다음과 같다. 서원회사의 정상조업도는 최대조업도의 80%라 할 때 정상조업도하에서의 직접노동시간 제조간접비는 얼마인가?

• 직접노동시간	100,000시간
• 변동제조간접비	₩400,000
• 고정제조간접비	₩300,000

① ₩5.60

② ₩6.40

③ ₩7.00

④ ₩7.75

ANSWER | 16.① 17.④

16 생산량이 판매량보다 많다는 것은 전부원가계산의 순이익이 변동원가계산의 순이익보다 기말재고에 포함된 고정제조간접비만큼 많다는 것을 의미한다.

$(7,000\text{개} - 5,000\text{개}) \times \frac{₩140,000}{7,000\text{개}} = ₩40,000$

17 단위당 변동비 = 400,000/100,000 = @₩4

$y = 4x + 300,000$

$= 4 \times (100,000 \times 0.8) + 300,000$

$= ₩620,000$

※ 직접노동시간당 제조간접비 $= \frac{620,000}{8,000} = @₩7.75$

18 다음은 장백회사의 2024년도 제조 활동과 관련된 자료이다. 장백회사의 2024년도 변동제조간접비 능률 차이는?

- 단위당 표준 직접노동시간 : 2시간
- 실제 직접노동시간 : 10,500시간
- 생산된 제품단위 : 5,000개
- 변동제조간접비 표준 : 표준 직접노동시간당 @3
- 실제변동제조간접비 : ₩28,000

① ₩1,500 불리
② ₩2,000 유리
③ ₩2,000 불리
④ ₩3,500 유리

19 다음 중 직접노무비의 능률차이가 발생하는 원인은?

① 노무비의 차이
② 실제작업시간과 표준직접작업시간의 차이
③ 임률의 차이
④ 배부기준의 차이

20 표준원가계산의 유용성으로 옳게 설명되지 않은 것은?

① 원가흐름의 가정이 필요없으므로 원가계산이 신속 · 간편하고 회계기록이 단순하다.
② 실제발생원가보다 비효율적으로 발생되는 원가를 파악할 수 있어 원가통제가 쉽다.
③ 조직에 대한 객관적인 목표로 사용될 수 있어 생산성이 향상되고 종업원의 성과를 객관적으로 평가할 수 있다.
④ 표준원가는 시간과 비용이 절감된다는 장점이 있다.

ANSWER | 18.① 19.② 20.③

18 변동제조간접비 능률차이 = (10,500시간 × @3) − (5,000단위 × 2시간 × @3) = ₩1,500 불리

19 직접노무비의 능률차이 = 표준 임률 × (실제작업시간 − 표준직접작업시간)

20 표준원가계산을 할 때 과학적이고 객관적인 표준원가를 설정하는 것이 쉽지 않으며, 표준원가를 설정하는 데 시간과 비용이 많이 소요된다.

21 다음은 원가차이계산식을 설명한 것이다. 옳지 않은 것은?

① 원재료구입가격차이 = 실제구입량 × (실제구입단가 − 표준구입단가)
② 원재료능률차이 = (원재료 실제 사용량 − 실제 생산량에 허용된 표준투입량) × 표준단가
③ 직접재료비총차이 = 가격차이 + 능률차이
④ 직접노무비능률차이 = (실제작업시간 − 표준작업시간) × 실제임률

22 제조원가 계산 시 원가차이를 조정하는 방법이 아닌 것은?

① 비례배분법
② 매출원가 조정법
③ 직접노무비법
④ 영업외손익법

23 20X1년 5월 중 ㈜서원의 노무비와 관련된 다음의 자료를 이용하여 직접노무비 능률차이를 구하면?

제품단위 당 표준직접노무시간	3시간
시간 당 표준임률	₩20
시간 당 실제임률	₩22
5월 중 제품 생산량	2,100단위
5월 중 실제직접노무시간	6,000시간

① ₩6,000 불리
② ₩6,000 유리
③ ₩6,600 불리
④ ₩6,600 유리

ANSWER | 21.④ 22.③ 23.②

21 직접노무비능률차이는 실제 임률이 아니라 직접노동시간당 표준 임률이다.

22 직접노무비법은 원가차이를 조정하는 방법이 아니라 제조간접비를 배분하는 방법이다.

23

㉠ 실제투입시간 × 실제임률	㉡ 실제투입시간 × 표준임률	㉢ 실제산출량에 허용된 표준시간 × 표준임률
₩132,000	(6,000시간 × ₩20) = ₩120,000	(2,100단위 × 3시간 × ₩20) = ₩126,000

임률(가격)차이 = ㉠ − ㉡	능률차이 = ㉡ − ㉢
₩12,000 유리	₩6,000 유리

24 ㈜혜빈의 원재료 실제사용량은 45,000단위이고 완제품을 생산하기 위해 허용된 표준투입량은 40,000단위였다. 원재료의 실제 단위원가는 ₩40이고 표준은 ₩50이었다. 원재료 가격차이와 능률차이가 옳은 것은?

	가격차이	능률차이
①	₩45,000(유리)	₩25,000(불리)
②	₩45,000(불리)	₩25,000(유리)
③	₩25,000(유리)	₩25,000(불리)
④	₩45,000(유리)	₩45,000(불리)

25 실제산출량에 허용된 표준노동시간을 구하면?

• 실제직접노무비	₩200,000
• 실제노동시간	50,000시간
• 실제산출량에 허용된 표준노동시간	?
• 직접노무비 임률차이	25,000 유리
• 직접노무비 능률차이	9,000 불리
• 직접노동시간당 실제 임률	?
• 직접노동시간당 표준 임률	?

① 46,000시간 ② 47,000시간
③ 48,000시간 ④ 49,000시간

ANSWER | 24.① 25.③

24 ㉠ 가격차이 : 45,000단위 × (₩4 − ₩5) = (−)₩45,000 표준보다 덜 사용했다.
㉡ 능률차이 : (45,000 단위 − 40,000 단위) × ₩5 = ₩25,000 표준보다 더 사용했다.

25

AQ × AP		AQ × SP		SQ × SP
₩200,000	<	₩225,000	>	₩216,000
	임률차이 ₩25,000(유리)		능률차이 ₩9,000(불리)	

AP = 200,000 ÷ 50,000시간 = ₩4/시간
SP = 225,000 ÷ 50,000시간 = ₩4.5/시간
SQ = 216,000 ÷ 4.5/시간 = 48,000시간

26 영호회사의 5월 중 직접노무비 자료는 다음과 같다. 직접노무비 표준임률은 얼마인가?

• 실제직접노무비 임률 ₩750	• 허용된 표준직접노무시간 22,000시간
• 실제직접노무시간 20,000시간	• 임률차이(유리한 차이) ₩600,000

① ₩720
② ₩740
③ ₩760
④ ₩780

27 서원금속㈜은 내부관리목적으로 표준원가계산시스템을 채택하고 있다. 다음은 당기의 예산자료이다. 조업도는 직접노동시간을 단위로 측정하고 기준조업도는 50,000직접노동시간이다. 당기의 실제 투입된 직접노동시간은 40,000시간이다. 변동제조간접비 능률차이는 ₩100,000,000(불리)으로 계산되었다. 고정제조간접비 조업도차이는 얼마인가?

변동제조간접비	₩250,000,000
고정제조간접비	₩400,000,000
계	₩650,000,000

① ₩64,000,000 유리
② ₩64,000,000 불리
③ ₩96,000,000 유리
④ ₩96,000,000 불리

ANSWER | 26.④ 27.④

26 600,000(임률차이) = 20,000 × (750 − 표준임률)
∴ 표준임률 = ₩780

27 고정제조간접비 조업도 차이를 구하면 다음과 같다.
㉠ 단위당 변동제조간접비 배부율 : ₩250,000,000/50,000시간 = ₩5,000
㉡ 단위당 고정제조간접비 배부율 : ₩400,000,000/50,000시간 = ₩8,000
㉢ 능률차이 = 40,000시간 × 5,000 − A(시간) × 5,000 = ₩100,000,000(불리)
∴ A = 38,000시간
㉣ 조업도차이 = 50,000시간 × 8,000 − 38,000시간 × 8,000 = ₩96,000,000(불리)

28 다음은 영호회사의 12월 중 생산자료이다. 제조간접비를 3분법에 의해 차이분석을 할 경우 12월 중 예산차이와 능률차이는 각각 얼마인가?

• 실제제조간접비	₩228,000
• 표준제조간접비(정상조업도 4,000시간)	₩240,000
• 실제생산량에 허용된 표준작업시간의 제조간접비예산	₩226,500
• 실제작업시간의 표준제조간접비예산	₩231,000
• 실제생산량에 허용된 표준작업시간	3,400시간

	예산차이	능률차이
①	₩3,000 유리	₩4,500 불리
②	₩3,000 불리	₩13,500 유리
③	₩11,000 불리	₩9,000 불리
④	₩12,000 유리	₩4,500 불리

29 다음 자료에 의해 작업 B의 제조원가를 구하면? (단, 제조간접비는 직접노무비법으로 배부함)

	작업 A	작업 B	합계
직접재료비	₩8,000	₩20,000	₩28,000
직접노무비	₩4,000	₩4,000	₩8,000
제조간접비	(　　)	(　　)	₩7,000

① ₩25,000
② ₩27,500
③ ₩30,000
④ ₩40,000

ANSWER | 28.① 29.②

28 위의 내용을 바탕으로 계산하면 다음과 같다.

㉠ 예산(소비)차이 : 228,000 − 231,000 = ₩3,000(유리)

㉡ 능률차이 : 231,000 − 226,500 = ₩4,500(불리)

㉢ 조업도차이 : $226,500 - 3,400 \times \frac{240,000}{4,000}$ = ₩22,500(불리)

29 20,000(직접재료비) + 4,000(직접노무비) + 3,500(7,000 × 4,000/8,000)(제조간접비) = ₩27,500

30 2005년 1월 중 영호회사의 표준원가 및 실제 원가자료는 다음과 같다. 영호회사에서 1월 중 발생한 작업시간당 노무비 실제임률은?

㉠ 표준원가자료	
• 재료비(6kg, ⓐ₩100,000/kg)	₩600,000
• 직접노무비(100시간, ⓐ₩4,000)	₩400,000
• 제조간접비(직접노무비의 75%)	₩300,000
㉡ 실제원가 및 원가차이자료	
• 기계의 실제생산수량	4,000단위
• 불리한 노무비 임률차이	₩76,000,000
• 유리한 노무비 시간차이	₩80,000,000

① ₩3,800
② ₩4,100
③ ₩4,200
④ ₩5,000

31 36개월 간의 수선유지비에 대한 원가추정을 한 결과 다음과 같은 원가추정방정식을 구하였다. 어느 달의 기계작업시간이 1,500시간일 때 수선유지비의 변동예산액은 얼마인가?

> Y = 3,000,000 + 2,625 X (X : 기계작업시간, Y : 수선유지비), 결정계수 = 0.8

① ₩3,937,500
② ₩5,500,000
③ ₩6,337,500
④ ₩6,937,500

ANSWER | 30.③ 31.④

30 실제시간 = x, 실제임률 = y, 표준임률 = Z라 하면

㉠ 임률차이 = x × (y − Z)

x × (y − 4,000) = 76,000,000

㉡ 시간차이 = (x − 시간) × Z

(x − 4,000 × 100) × 4,000 = − 80,000,000

㉠식에서 x = 380,000

㉡식에서 380,000 × (y − 4,000) = 76,000,000

∴ y = 4,200

31 3,000,000 + 2,625 × 1,500 = ₩6,937,500

32 다음 표준원가계산자료에 의하여 당기중의 실제작업시간을 계산하면?

> • 실제생산량 2,000단위
> • 단위 당 표준허용시간 24시간
> • 불리한 시간차이 ₩400,000
> • 노무비 발생액 ₩4,000,000
> • 유리한 임률차이 ₩1,200,000

① 44,000시간
② 48,000시간
③ 50,000시간
④ 52,000시간

33 ㈜영호는 표준원가제도를 채택, 20×4년의 재료비와 관련된 표준원가 및 생산활동자료는 아래와 같다. ㈜영호의 20×4년 직접재료원가 능률차이는?

> ㉠ 20×4 표준원가자료
> • 직접재료원가 제품단위표준투입량 10개
> • 투입단위표준가격 ₩20
> ㉡ 20×4년 실제생산자료
> • 제품생산량 100개
> • 직접재료원가 ₩21,560
> • 재료단위당 구입가 ₩22

① ₩400 유리
② ₩440 유리
③ ₩1,560 불리
④ ₩1,960 불리

ANSWER | 32.④ 33.①

32 실제시간을 x, 표준임률을 Y라 하면
㉠ $4,000,000 - x \cdot Y = -1,200,000$
㉡ $(x - 2,000 \times 24) \times Y = 400,000$
㉢ ㉠식에서 $x \cdot Y = 5,200,000$
㉡식에서 $x \cdot Y - 48,000Y = 400,000$이므로 $5,200,000 - 48,000Y = 400,000$
$\therefore Y = 100$
㉢에서 $x = 5,200,000/100 = 52,000$

33 제시된 자료를 바탕으로 계산하면 다음과 같다.
㉠ **실제투입수량** : $(21,560 \div 22) = 980$
㉡ **능률차이** : 980 × ₩20 − 100개 × 10개 × ₩20 = − 400(유리)

34 다음은 ㈜서원공업의 2025년 5월 중 생산 및 판매와 관련된 자료이다. ㈜서원공업의 2025년 5월 중 생산량은 얼마인가?

• 매출원가(전부원가계산에 의함)	₩252,000
• 단위당 표준변동제조원가	₩2
• 매출수량	90,000개
• 실제고정제조간접비	₩73,000
• 고정제조간접비 불리한 예산차이	₩3,000
• 고정제조간접비 유리한 조업도차이	₩1,200
• 변동제조원가차이(불리)	₩20,000
• 표준전부원가에 의한 매출총이익차이(불리)	₩21,800
• 고정제조간접비 배부율은 전월과 동일함	

① 85,000개
② 87,500개
③ 89,000개
④ 90,000개

35 A사에서는 2024년 중 취득원가 ₩20,000인 토지를 ₩30,000에 처분하고 이에 대한 대금을 1년 후 받기로 약정했으며, 장부금액 ₩60,000(취득원가 ₩100,000 감가상각누계액 ₩40,000)인 건물을 현금 ₩70,000에 처분하였다. A사에서의 2024년 현금흐름표 상에서 투자활동으로 인한 현금유입액을 구하면?

① ₩95,000
② ₩90,000
③ ₩85,000
④ ₩70,000

ANSWER | 34.③ 35.④

34 생산량을 구하면 다음과 같다.

㉠ **예산차이** : 73,000 − 고정비예산 = 3,000

∴ 고정비예산 = 70,000

㉡ **조업도차이** : 70,000 − 고정비배부액 = −1,200

∴ 고정비배부액 = 71,200

※ 고정비표준배부율 = $\frac{252,000}{90,000} - 2 = 0.8$

따라서 고정비배부액 = 생산량 × 고정비표준배부율이므로

71,200 = 생산량 × 0.8

∴ 생산량 = $\frac{71,200}{0.8}$ = 89,000개

35 문제에서 보면 토지를 처분하고 아직 이에 대한 현금을 받지 못했으므로 현금유입액은 없고, 건물을 처분하고 ₩70,000의 현금유입이 있었으므로 투자활동으로 인한 현금유입액은 ₩70,000이 된다.

36 다음은 영호회사의 원재료에 관한 표준원가이다. 당기 중 8,000개의 제품이 완성되었고 기초재공품과 기말재공품은 없었다. 원재료의 실제사용량은 A가 14,000kg(kg당 ₩22)이고 B가 28,000kg(kg당 ₩9)이었다. 재료배합차이(mix variance)와 수율차이(yield variance)는 얼마인가?

• 원재료 A : 2kg @₩20	• 원재료 B : 3kg @₩10

	배합차이	수율차이
①	₩28,000 유리	₩28,000 불리
②	₩28,000 불리	₩28,000 유리
③	₩36,400 유리	₩28,400 불리
④	₩36,400 불리	₩28,400 유리

37 서원사는 제조간접비를 직접노무비기준으로 배부하고 있다. 기간추정제조간접비 총액은 ₩255,000, 추정직접노무시간 100,000시간이다. 지난 기말의 제조간접비잔액은 ₩270,000이고 실제사용 직접노무시간은 105,000시간이다. 이 기간동안 제조간접비 과소(대)배부는?

① ₩2,250 과소배부
② ₩2,250 과대배부
③ ₩13,500 과소배부
④ ₩15,000 과대배부

ANSWER | 36.① 37.①

36 가중평균표준가격 = (2 × 20 + 3 × 10) ÷ 5 = @14

㉠ 수율차이

A : (14,000 − 8,000 × 2) × 14 = − 28,000
B : (28,000 − 8,000 × 3) × 14 = + 56,000
28,000(불리)

㉡ 배합차이

A : (14,000 − 8,000 × 2) × (20 − 14) = −12,000
B : (28,000 − 8,000 × 3) × (10 − 14) = −16,000
−28,000(유리)

37 제조간접비 배부액은 다음과 같다.

㉠ 배부제조간접비 : $105,000 \times \frac{255,000}{100,000} = 267,750$

㉡ 실제제조간접비 : 270,000

㉢ 과소배부 : ₩2,250

| 38~39 | ㈜서원은 두 개의 생산부문 P1, P2와 두 개의 보조부문 S1, S2를 두고 있다. 7월 중 각 보조부문에서 생산된 용역의 각 부문별 사용비율은 다음과 같다. 7월 중 보조부문 S1, S2의 변동원가는 각각 ₩500,000과 ₩202,000이었다.

구분	P_1	P_2	S_1	S_2	총용역사용량
S_1	0.4	0.3	0	0.3	2,000kw/h
S_2	0.3	0.3	0.4	0	1,000시간

38 상호배부법에 의하여 보조부문의 변동원가를 배분할 경우 7월 중 생산부문 P1에 배부될 보조부문의 변동원가는 얼마인가?

① ₩358,000
② ₩384,000
③ ₩400,000
④ ₩500,000

39 ㈜서원은 8월에는 S_2부문에서 제공하던 용역을 외부에서 구입하고자 한다. 8월의 생산부문 생산량이 7월과 동일한 경우에 외부에서 구입하여야 하는 S_2부문의 용역시간은?

① 700시간
② 815시간
③ 880시간
④ 915시간

ANSWER | 38.② 39.③

38 $S_1 = 500,000 + 0.4S_2$

$S_2 = 202,000 + 0.3S_1$

$\therefore S_1 = 660,000,\ S_2 = 400,000$

따라서

A = $0.4S_1 + 0.3S_2 = 0.4 \times 660,000 + 0.3 \times 400,000 =$ ₩384,000

B = $0.3S_1 + 0.3S_2 = 0.3 \times 660,000 + 0.3 \times 400,000 =$ ₩318,000

39 S_2 ┌ 제조부문 600(0.6)
　└ S_1 : 400(0.4) ┌ 제조(0.7)280
　　　　　　　　└ S_2(0.3)120

따라서 600 + 280 = 880시간 또는 1,000 − 120 = 880시간

40 싸인펜의 단위 당 판매가격은 ₩1,000, 단위당 변동비는 500으로 예측되었다. 또한, 당해연도의 예상판매량은 1,200단위, 연간 고정비는 ₩350,000으로 예측되었다. 그러나, 단위 당 판매가격 및 연간 고정비는 예측치와 동일하였으나 실제 단위당 변동비는 550, 실제 수요량은 1,300단위이었다. 회사는 생산을 1,000단위만 했기 때문에 300단위를 판매하지 못했다. 위의 자료에 의하여 예측오차의 원가를 계산하면?

① ₩45,000
② ₩85,000
③ ₩100,000
④ ₩115,000

ANSWER | 40.①

40 제시된 자료를 바탕으로 예측오차의 원가를 계산하면 다음과 같다.

㉠ 최적의사결정하의 이익 : 1,300단위 × (1,000 − 550) − 350,000 = ₩235,000
㉡ 실제의사결정하의 이익 : 1,200단위 × (1,000 − 550) − 350,000 = ₩190,000
∴ 예측오차의 원가 : 235,000 − 190,000 = ₩45,000

CHAPTER 04 CVP분석, 특수의사결정회계

1 다음 중 CVP분석의 기본가정에 대한 설명으로 옳지 않은 것은?

① 조업도가 유일한 원가동인이다.
② 모든 원가의 구성은 고정비와 변동비 중 하나로 분류된다.
③ 기초와 기말의 재고자산수준이 변하지 않는다고 본다.
④ 화폐의 시간가치를 고려해야 한다.

2 원가-조업도-이익분석에 대한 다음 설명 중 적합하지 않은 것은?

① 손익분기점에서는 순이익이 0이 되므로 법인세가 없다.
② 공헌이익이 총고정원가보다 클 경우에는 이익이 발생한다.
③ 안전한계율에 공헌이익률을 곱하면 매출액순이익률이 계산된다.
④ 총원가 중에서 고정원가의 비중이 클수록 영업레버리지도는 작아진다.

ANSWER | 1.④ 2.④

1 ④ CVP분석은 단기분석이므로 화폐의 시간가치를 고려하지 않는다.

2
$$\text{영업레버리지도} = \frac{\text{공헌이익}}{\text{공헌이익} - \text{고정원가}}$$

고정원가의 비중이 클수록 영업레버리지도는 커진다.

3 작년에 비행자동차를 ₩10,000,000에 샀다. 내용연수는 10년이며, 잔존가치는 없고 정액법에 의해 상각한다. 갖고 있는 비행자동차를 지금 팔면 ₩7,000,000에 팔 수 있고 신형의 비행자동차를 살려면 ₩12,000,000이 필요하다. 이 비행자동차를 계속 사용할 경우의 기회원가는 얼마인가?

① ₩7,000,000
② ₩9,000,000
③ ₩10,000,000
④ ₩12,000,000

4 서원회사는 A와 B 두 가지 제품을 생산하여 판매하고 있다. 전체의 생산판매수량 중에서 제품 A가 차지하는 비율은 80%로 일정하다. 다음 자료에 의하여 제품 A와 B의 손익분기점판매수량을 구하면?

	제품 A	제품 B
단위 당 판매가격	₩50	₩60
단위 당 변동비	₩25	₩40

(단, 총고정비는 ₩90,000)

	제품 A	제품 B
①	2,500개	500개
②	2,500개	750개
③	3,000개	500개
④	3,000개	750개

ANSWER | 3.① 4.④

3 기회비용 … 다른 대체안을 선택하였을 때의 기대수입을 말한다.

㉠ 현재결정안 : 계속 사용함
㉡ 대체안 : 비행자동차를 처분함(처분하면 ₩7,000,000을 받을 수 있음)

4 제품 A · B의 공헌이익률

	제품 A	제품 B
판매가격	₩50	₩60
변동원가	₩25	₩40
단위당 공헌이익	₩25	₩20
비 율	80%	20%

$$Q_{B.E.P} = \frac{90,000}{25 \times 0.8 + 20 \times 0.2} = 3,750개$$

∴ A = 3,750개 × 80% = 3,000개, B = 3,750개 × 20% = 750개

5 다음은 단일제품을 생산하고 있는 ㈜서원의 당월 중 원가와 관련된 자료이다. 단, 생산설비는 충분하며, 법인세율은 40%이다. 세금공제 후 목표이익 ₩61,200을 획득하기 위한 당월의 판매량의 얼마인가? (단, 생산량과 판매량이 일치됨을 가정)

• 단위 당 판매가격 ₩200	• 단위 당 직접재료비 ₩20
• 단위 당 직접노무비 ₩40	• 단위 당 변동제조간접비 ₩30
• 단위 당 변동판매비 ₩50	• 월간 고정비총액 ₩60,000

① 2,020단위
② 2,700단위
③ 2,915단위
④ 3,250단위

6 매출액이 ₩400,000인 경우에 직접재료비, 직접노무비, 변동제조간접비, 고정제조간접비, 변동판매관리비, 고정판매관리비가 모두 ₩50,000씩이라면 이 때의 공헌이익과 이 제품의 손익분기점매출액은 얼마인가?

	공헌이익	손익분기점 매출액
①	₩150,000	₩350,000
②	₩200,000	₩150,000
③	₩200,000	₩200,000
④	₩200,000	₩250,000

ANSWER | 5.② 6.③

5
$$법인세차감전순이익 = \frac{법인세차감후순이익}{(1-법인세율)} = \frac{61,200}{1-0.4} = ₩102,000$$

$$Q = \frac{총고정비+목표이익}{단위당판매가격-단위당변동비}$$

$$= \frac{60,000+102,000}{200-(20+40+30+50)}$$

= 2,700단위

6

매출액		₩400,000
변동원가	(−)	₩200,000
공헌이익		₩200,000

$$손익분기점매출액 = \frac{고정비}{공헌이익율} = \frac{100,000}{0.5} = ₩200,000$$

7 ㈜현웅은 한 가지 제품을 생산 · 판매하고 있으며, 관련된 원가자료는 다음과 같다. 단위당 판매가격은 ₩450이며 법인세율은 40%이다. 법인세 차감후 목표이익이 ₩600,000이라 할 경우 몇 단위를 판매해야 하는가?

	단위 당 변동비	총고정비
• 직접재료비	₩50	–
• 직접노무비	₩80	–
• 제조간접비	₩35	₩2,500,000
• 판매관리비	₩35	₩6,500,000

① 35,000단위
② 38,000단위
③ 40,000단위
④ 43,000단위

8 어느 회사의 원가구조를 살펴보니 다음과 같았다. 이 회사의 손익분기점 판매량과 매출액을 구하면?

- 단위 당 판매가격(P) : ₩3,000
- 단위 당 변동비(V) : ₩2,400
- 당기 회사의 생산량 : 2,500개
- 고정제조간접비 : ₩3,000,000
- 고정판매관리비 : ₩3,000,000
- 당기 회사의 판매량 : 2,000개

	손익분기점 판매량	손익분기점 매출액
①	8,000개	₩28,000,000
②	9,000개	₩27,000,000
③	10,000개	₩30,000,000
④	12,000개	₩36,000,000

ANSWER | 7.③ 8.③

7

$$목표Q = \frac{고정비 + 세차감후\ 목표이익/(1-법인세율)}{단위당\ 공헌이익}$$

$$= \frac{2,500,000 + 6,500,000 + 600,000/(1-0.4)}{₩250} = 40,000단위$$

8

P =	3,000	100%
V =	2,400	80%
UCM =	600	20%

$$손익분기점판매량 = \frac{고정비합계}{단위당\ 공헌이익} = \frac{₩6,000,000}{600} = 10,000개$$

손익분기점매출액 = 10,000개 × 3,000 = ₩30,000,000

$$= \frac{고정비합계}{공헌이익률} = \frac{6,000,000}{20\%} = ₩30,000,000$$

9 영호기업의 2025년도 예상매출총액과 고정비총액은 각각 ₩5,000,000과 ₩1,600,000이고 공헌이익률은 40%이다. 2025년 영호기업의 안전한계율(margin of safety ratio)은 얼마일 것인가?

① 5%
② 10%
③ 20%
④ 30%

10 서원공업은 제품 X, Y, Z를 생산하고 있다. 이 회사제품은 Z제품 1개당 X제품 3개, X제품 1개당 Y제품 2개를 판매한다. 단위 당 공헌익은 X, Y, Z 제품 각각 ₩1, ₩1.5, ₩3이다. 연간 고정비는 ₩600,000이다. 주어진 자료를 사용할 경우 손익분기점에서 X제품 몇 개를 판매하여야 하는가?

① 12,000개
② 40,000개
③ 55,814개
④ 120,000개

ANSWER | 9.③ 10.④

9

$$S_{BEP} = \frac{1,600,000}{0.4} = 4,000,000$$

$$안전한계율 = \frac{5,000,000 - 4,000,000}{5,000,000} = 20\%$$

10 배합비율 = X : Y : Z = 3 : 6 : 1

$$가중평균공헌이익 = \frac{3}{10} \times 1 + \frac{6}{10} \times 1.5 + \frac{1}{10} \times 3 = 1.5$$

$$Q_{BEP} = \frac{600,000}{1.5} = 400,000$$

$$X : 400,000 \times \frac{3}{10} = 120,000개$$

$$Y : 400,000 \times \frac{6}{10} = 240,000개$$

$$Z : 400,000 \times \frac{1}{10} = 40,000개$$

11 특별판촉계획을 고려하기 전의 예산은 다음과 같다. 특별판촉활동을 수행하는데 소요되는 비용이 ₩20,000이라고 할 때 이 계획이 경제적 타당성을 가지기 위해서는 최소한 매출이 얼마나 증가하여야 하는가?

• 판매량	20,000개
• 단위당 가격	₩25
• 단위당 변동원가	₩15
• 고정비(제조원가 ₩800,000, 기타 ₩70,000)	

① ₩15,000
② ₩25,000
③ ₩30,000
④ ₩50,000

12 "㈜ 대박"의 기말 제품재고는 1,000개, 기말 재공품의 재고는 없는 상황이다. 아래의 표를 참조하여 변동원가 계산 방식에 따른 공헌이익을 구하면?

• 판매량	4,000개
• 생산량	5,000개
• 단위 당 판매가격	₩1,000
• 단위 당 직접재료원가	₩300
• 단위 당 직접노무원가	₩200
• 총 고정제조간접비	₩1,000,000
• 총 고정판매관리비	₩800,000
• 단위 당 변동제조간접원가	₩100
• 단위 당 변동판매관리비	₩150

① ₩2,000,000
② ₩1,800,000
③ ₩1,000,000
④ ₩500,000

ANSWER | 11.④ 12.③

11

$$S = \frac{20,000}{\left(1 - \frac{15}{25}\right)} = ₩50,000$$

※ 매출증가로 인한 공헌이익증가가 특판요소비용을 만취하면 된다.

12 제시된 자료를 바탕으로 계산하면 다음과 같다.

㉠ 단위 당 변동비 : ₩300 + ₩200 + ₩100 + ₩150 = ₩750
㉡ 단위 당 공헌이익 : ₩1,000 − ₩750 = ₩250
㉢ 공헌이익 : 4,000개 × ₩250 = ₩1,000,000

13 A회사는 세 가지 제품을 생산하고 있는데, 매달 고정비가 ₩4,600,000이 발생하고 있다. 판매되는 세 가지 제품에 대한 판매액수가 다음과 같을 때 손익분기점에서의 총판매수량은 얼마인가?

제품	판매믹스(수량기준)	공헌이익
A	1/3	₩30
B	1/2	₩20
C	1/6	₩18

① 67,600개
② 200,000개
③ 202,900개
④ 287,500개

14 영호회사는 장난감 깜찍이를 생산하고 있다. 다음은 장난감 깜찍이에 대해서 추정한 7월분 예측치이다. 판매 담당자는 장난감 깜찍이의 개당 판매가격을 20% 인상하면 판매량이 10% 감소할 것이라고 추정한다. 만약 장난감 깜찍이의 개당 판매가격을 20% 인상한다면 장난감 깜찍이의 7월 중 추정영업이익은 얼마가 될까?

- 매 출 액 ₩1,000,000
- 개당판매가격 ₩10
- 변동원가 ₩600,000
- 고정비 ₩300,000

① ₩180,000
② ₩200,000
③ ₩240,000
④ ₩300,000

ANSWER | 13.② 14.③

13 가중평균공헌이익 = 30 × 1/3 + 20 ×1/2 + 18 × 1/6 = 23

$\therefore Q_{B.E.P} = \frac{4,600,000}{23} = 200,000$개

A = 200,000 × 1/3 = 66,667

B = 200,000 × 1/2 = 100,000

C = 200,000 × 1/6 = 33,333

14 새로운 판매가격 @10 × 120% = @12

새로운 판매수량 100,000개 × 90% = 90,000개

추정매출액	90,000개 × @12 =1,080,000	
추정변동원가	600,000 × (90,000 / 100,000) = 540,000	
고정비		300,000
추정영업이익		₩240,000

15 A부문의 공정조사비용은 ₩50,000이고 비정상일 때 교정비용은 ₩75,000이다. 교정을 하지 않으면 ₩200,000의 손실이 발생한다. 조사하는 것이 유리하도록 하기 위해서는 공정이 정상인 확률이 몇 % 이하인가?

① 50%
② 55%
③ 60%
④ 65%

16 서원고무는 산업용과 가정용 고무벨트를 생산하고 있다. 산업용은 매출액의 60%, 가정용은 40%를 차지하고 있으며, 판매가격대비 변동원가의 비율은 산업용은 60%, 가정용은 85%이다. 고정원가총액은 ₩150,000이다. 판매비와 관리비는 없다고 가정하면 서원고무의 손익분기점 매출액은 얼마인가?

① ₩214,286
② ₩300,000
③ ₩500,000
④ ₩700,000

17 서원상사는 A와 B 두 종류의 상품을 취급하고 있다. 현재 총매출수량 중에서 A상품이 차지하는 비중의 60%이고 B상품이 차지하는 비중은 40%이다. A상품의 단위 당 공헌이익은 ₩10이고 B상품의 단위 당 공헌이익은 ₩15이며, 손익분기점에서의 B상품 판매수량은 4,000개 였다. 현재 공헌이익이 ₩5인 C라는 상품을 추가로 취급하려고 한다. 이 상품을 추가로 취급하면 A상품은 20%, B상품은 60%, C상품은 20%가 될 것으로 예상된다. C상품을 추가적으로 취급했을 때 손익분기점에서 B상품의 매출수량은?

① 2,000개
② 3,000개
③ 4,000개
④ 6,000개

ANSWER | 15.③ 16.③ 17.④

15 P를 공정이 정상일 확률이라 하면

$50,000 \times P + 125,000 \times (1 - P) \leqq 200,000 \times (1 - P)$

$\therefore P \leqq 0.6$

16 가중평균공헌이익률 $= 0.6 \times (1 - 0.6) + 0.4 \times (1 - 0.85) = 0.3$

$$S_{B.E.P} = \frac{\text{고정비}}{\text{가중평균공헌이익률}} = \frac{150,000}{0.3} = ₩500,000$$

17 C상품 추가 시 가중평균공헌이익 $= 0.2 \times 10 + 0.6 \times 15 + 0.2 \times 5 = 12$

$$Q_{BEP} = \frac{6,000 \times 10 + 4,000 \times 15}{12} = 10,000\text{개}$$

A상품수량 : $10,000 \times 0.2 = 2,000$개

B상품수량 : $10,000 \times 0.6 = 6,000$개

C상품수량 : $10,000 \times 0.2 = 2,000$개

※ 손익분기점의 총공헌이익 = 총고정비

18 서원회사는 제품 A와 B만을 생산하여 판매한다. 2024년 중 법인세후순이익률은 15%이었으며, 동 연도의 법인세율은 40%이었다. 한편 제품 A와 B의 총매출액 기여도는 동일하였다. 각 제품의 단위 당 판매가격 및 공헌이익은 다음과 같다. 2024년의 서원회사 총고정비가 ₩120,000이었다면 2024년 중의 A제품 판매량은 몇 단위이었는가?

	제품 A	제품 B
판매가격	₩200	₩400
공헌이익	80	100

① 1,800단위
② 2,000단위
③ 3,000단위
④ 4,000단위

19 어떤 사람이 학교 근처에서 문방구점을 개업하려고 한다. 그는 볼펜을 개당 ₩500에 구입할 수 있으며, 팔지 못한 볼펜의 반품도 가능하다. 그리고 상점의 임차료는 매월 ₩200,000 선불하는 조건이며, 볼펜의 판매가격은 개당 ₩900을 예상하고 있다. 이 경우 매출액에 대한 20%의 순이익을 얻기 위해서는 몇 개의 볼펜을 팔아야 하는가?

① 500개
② 680개
③ 909개
④ 920개

ANSWER | 18.④ 19.③

18

가중평균공헌이익률 $= 0.5 \times \frac{80}{200} + 0.5 \times \frac{100}{400} = 0.325$

$$S = \frac{120,000 + \frac{0.15S}{1-0.4}}{0.325} = ₩1,600,000$$

$A = (1,600,000 \times 0.5) \div 200 = 4,000$단위

19

$$S = \frac{200,000 + 0.2S}{1 - \frac{500}{900}}$$

$\therefore S = 818,183$

판매량은 $818,183/900 = 909.09 \fallingdotseq 909$개

20 ㈜서원산업의 각 관련범위와 고정비는 다음과 같다. 아래의 자료를 이용하여 손익분기점 매출수량을 구하면 얼마인가?

관련범위	고정비
0 ~ 30,000	₩1,400,000
30,001 ~ 60,000	₩1,550,000
60,001 ~ 100,000	₩1,850,000
100,001 ~ 140,000	₩2,200,000
단위 당 판매가격	₩100
단위 당 변동비	₩75
연간 최대조업도	140,000단위

① 56,000단위
② 62,000단위
③ 74,000단위
④ 88,000단위

ANSWER | 20.③

20 관련범위 안에서 손익분기점 매출수량은 다음과 같다.

㉠ 0 ~ 30,000일 때

$$Q_{BEP} = \frac{1,400,000}{(100-75)} = 56,000\text{개(관련범위 외)}$$

㉡ 30,001 ~ 60,000 일 때

$$Q_{BEP} = \frac{1,550,000}{(100-75)} = 62,000\text{개(관련범위 외)}$$

㉢ 60,001 ~ 100,000 일 때

$$Q_{BEP} = \frac{1,850,000}{(100-75)} = 74,000\text{개(관련범위 내)}$$

㉣ 100,001 ~ 140,000 일 때

$$Q_{BEP} = \frac{2,200,000}{(100-75)} = 88,000\text{개(관련범위 외)}$$

따라서 손익분기점 매출수량(Q_{BEP})는 74,000단위이다.

21 다음 자료를 보고 공헌이익률을 구하면?

- 매출액 ₩110,000
- 변동비 ₩55,000
- 고정비 ₩40,000

① 39%
② 45%
③ 47%
④ 50%

22 2024 사업연도의 ㈜현웅과 ㈜혜빈의 손익계산서는 다음과 같다. 이 자료를 토대로 2024 사업연도의 각 회사의 영업레버리지도(DOL)를 구하면?

	㈜현웅	㈜혜빈
매출액	₩1,000,000	₩1,000,000
변동비	500,000	800,000
공헌이익	₩500,000	₩200,000
고정비	400,000	100,000
영업이익	₩100,000	₩100,000

	㈜현웅	㈜혜빈
①	2	3
②	5	2
③	2	5
④	3	5

ANSWER | 21.④ 22.②

21 {110,000(매출액) − 55,000(변동비)}/110,000(매출액) = 50%

22 영업레버리지도(DOL)

	㈜현웅	㈜혜빈
공헌이익	₩500,000	200,000
영업이익	÷ 100,000	÷ 100,000
DOL	5	2

23 G사는 2024년에 영업을 시작하여 주산물 A 및 부산물 등을 생산하고 있는 업체이다. G사의 2024년 매출액 및 원가자료는 아래와 같이 나타나 있으며, 생산시점에서 부산물에 대해 회계처리하고 있다. 이 때 2024년 동안 주산물 A의 매출총이익 및 부산물의 매출원가는 각각 얼마인지 구하면?

- 결합공정원가 : 재료원가 400,000원, 노무원가 350,000원, 제조간접원가 150,000원
- 주산물A 매출액 : 2,000,000원
- 2024.12.31 주 A 재고액 : 35,000원
- 부산물 처분가치 : 50,000원
- 부산물의 추가적인 원가 : 판매관리비 20,000원, 추가가공원가 25,000원

	주산물 A	부산물
①	1,140,000원	25,000원
②	1,140,000원	0원
③	1,185,000원	0원
④	1,185,000원	25,000원

24 불확실성하의 의사결정에 대한 설명 중 옳지 않은 것은?

① 완전정보는 정보취득원가와 상관없이 항상 취득할 가치가 있다.
② 불확실성은 발생가능한 상황에 대한 확률로 나타낸다.
③ 완전정보의 기대가치는 불완전정보의 기대가치보다 항상 크거나 같다.
④ 완전정보를 가지고 최적의 의사결정을 하면 예측오류의 오차는 발생하지 않는다.

ANSWER | 23.② 24.①

23 부산물 순실현가치 : 50,000원-(20,000원+25,000원)=5,000원
- 주산물 A 매출원가 : (400,000원+350,000원+150,000원)-5,000원-35,000원=860,000원
- 주산물 A 매출총이익 : 2,000,000원-860,000원=1,140,000원
- 부산물의 순실현가치는 주산물의 결합원가에서 차감되어 부산물로 기록되었다가 처분 시에 현금계정으로 대체되므로 부산물의 매출원가는 금액이 나타나지 않는다.

24 ① 완전정보도 기대가치가 취득원가보다 클 때 취득할 가치가 있다.

25 서원회사의 A사업부는 자기제품의 3분의 1을 같은 회사 B사업부에 판매하고 나머지는 외부시장에 판매하고 있다. A사업부의 2025년 6월 30일로 종료되는 회계연도말의 추정매출액과 표준원가는 다음과 같다. B사업부는 10,000단위의 제품을 외부공급자로부터 단위 당 ₩1.25으로 구입할 수 있다. A사업부가 외부시장에 추가적인 제품을 판매할 수 없다고 가정할 때 서원회사는 B사업부가 외부공급자로부터 제품을 구입하는 것을 승인해야 하는가?

	B사업부	외부
매출	₩15,000	₩40,000
변동비	(10,000)	(20,000)
고정비	(3,000)	(6,000)
매출총이익	2,000	14,000
매출수량	10,000	20,000

① 승인한다. 제품을 사는 것이 ₩500 절약된다.
② 기각한다. 제품을 자가제조하는 것이 ₩1,500 절약된다.
③ 승인한다. 제품을 사는 것이 ₩2,500 절약된다.
④ 기각한다. 제품을 자가제조하는 것이 ₩2,500 절약된다.

26 다음 중 대체가격 결정 시 고려할 기준으로 옳지 않은 것은?

① 목표일치성기준
② 수익우선기준
③ 성과평가기준
④ 자율성기준

ANSWER | 25.④ 26.②

25 단위 당 변동원가 = 10,000/10,000 = 1
외부시장에 추가적인 제품을 판매할 수 없다고 가정함으로 유휴생산능력이 있는 것이 된다. 따라서 10,000 × (1.25 − 1) = ₩2,500만큼 자가제조가 유리하다.

26 수익우선기준은 존재하지 않고, 공기관에 대한 재정관리기준이 있다.

27 서원㈜은 완제품생산에 필요한 부품 A를 단위 당 가격 ₩300에 전량 하청생산해 주겠다는 제의를 영호㈜로부터 받았다. 그 동안 서원㈜은 부품 A를 매년 10,000단위 자가생산하여 이를 완제품생산에 사용하여 왔다. 부품 A의 생산과 관련된 원가자료는 다음과 같다. 만일 영호㈜의 제안을 받아들인다면 그 동안 부품 A를 생산하던 공간을 부품 B의 생산에 이용하여 부품 B의 생산단가 감축액이 연간 ₩220,000에 달할 것으로 예측된다. 또한 부품 A는 위험한 주조작업에 의해 생산되므로 그 동안 특별산재보험에 가입하여 매년 ₩100,000의 보험료를 지불하여 왔었는데, 영호㈜의 제의를 받아들인다면 보험료는 지출할 필요가 없게 된다. 서원㈜은 자가제조와 외부구입의 대안 중 어느 것을 선택하여야 하며 그 대안은 다른 대안보다 금액적으로 얼마나 유리한가?

	단위 당 원가
직접재료비	₩35
직접노무비	₩180
제조간접비	
변동비	₩45
고정분(₩550,000/10,000)	₩55

	유리한 대안	금액(연간)
①	자가생산	₩80,000
②	자가생산	₩400,200
③	외부구입	₩150,000
④	외부구입	₩470,000

28 다음 중 자본예산의 분석기법에 대한 설명으로 옳지 않은 것은?

① 순현재가치가 0이 되게 하는 할인율을 내부수익률이라 한다.
② 회수기간법의 장점은 계산이 간단하고 이해하기 쉽다는 데 있다.
③ 회수기간법과 회계적 이익률법은 화폐의 시간가치를 고려한다.
④ 순현재가치법의 장점은 가치의 합계원칙이 적용된다는 것이다.

ANSWER | 27.① 28.③

27 자가제조비용(회피가능원가 + 기회원가) − 외부구입비용
= {(35 + 180 + 45) × 10,000단위 + 220,000 + 100,000} − 10,000단위 + ₩300
= ₩80,000(자가제조가 유리)

28 회수기간법과 회계적 이익률법은 화폐의 시간가치를 고려하지 않는 비할인모형이고, 순현재가치법과 내부수익률법은 화폐의 시간가치를 고려하는 할인모형이다.

29 아래의 자료는 A사의 2024년 10월 중 원가자료를 나타낸 것이다. 내용을 참조하여 A사가 10월 중에 생산한 제품의 제조원가가 얼마인지 구하면?

- 원재료 : 9,000원 감소
- 재공품 : 9,000원 감소
- 제품 : 27,000원 증가
- 10월 중 원재료 매입액 : 126,000원
- 직접노무비소비액 : 90,000원
- 작업시간 당 직접노무비 : 7.5원
- 작업시간 당 제조간접비 : 10원

① ₩199,000
② ₩287,000
③ ₩354,000
④ ₩413,000

30 서원상사는 A사업부에서 부분품을 생산하고 B사업부에서 완제품을 생산하는 사업구조를 갖고 있다. 그런데 부분품은 자체적으로 외부판매가 가능하다고 한다. 한편 서원상사에서는 다음의 자료가 추정되었다. A사업부의 경영자는 부분품 가격을 ₩150에서 ₩140으로 낮추어 매출량이 1,000개가 되게 하는 안과 그렇지 않고 600단위를 ₩200에 매출하고 400단위를 B사업부에 적절한 가격으로 대체하는 안이 A사업부에 동일한 이익을 가져올 것이라고 생각한다. 이 때 B사업부에 제안하게 될 적절한 대체가격은 얼마인가?

- 완제품 판매가격 ₩200
- 부분품 판매가격 ₩150
- A사업부의 부분품 생산원가 ₩100
- B사업부의 완성원가(변동비) ₩100

① ₩50
② ₩110
③ ₩125
④ ₩135

ANSWER | 29.③ 30.①

29 위의 조건을 참조하여 계산하면 다음과 같다.

- 작업시간 $= \dfrac{\text{직접노무비}}{\text{시간당임률}} = \dfrac{90,000}{7.5} = 12,000$시간
- 제조간접비 : 12,000시간 × 10 = 120,000
- 원재료 매입액 + 직접노무비 + 제조간접비 + 원재료 감소 + 재공품 감소
  = 126,000 + 90,000 + 120,000 + 9,000 + 9,000 = 354,000원이 된다.

30 사내대체가격을 x라 하면

$1,000 \times (140 - 100) = 600 \times (200 - 100) + 400 \times (x - 100)$

$\therefore\ x = 50$

31 ㈜서원은 대학축제일에 볼펜을 판매하려고 계획하고 있다. ㈜서원은 이 볼펜을 @₩400에 구입하여 @₩650에 판매할 수 있다. 그리고 판매하지 못한 볼펜은 반품이 불가능하여 시중에 개당 @₩60에 판매할 수 있다. ㈜서원은 판매를 위하여 볼펜 1,500개를 구입하였으나, 실제판매는 1,100개였다. 그리고 ㈜서원은 장학금조로 학생회 측에 ₩55,000을 기부하였다. 예측오차의 원가는 얼마인가?

① ₩84,000
② ₩136,000
③ ₩220,000
④ ₩246,000

32 다음 자료에서 완전정보의 기대가치는?

여건적 상태		S_1	S_2	S_3	S_4
발생확률		0.1	0.2	0.3	0.4
행동별 성과	A_1	100	−60	80	40
	A_2	80	−40	120	20
	A_3	120	−70	60	20

① 12
② 24
③ 38
④ 44

ANSWER | 31.② 32.①

31 위의 내용을 바탕으로 계산하면 다음과 같다.

㉠ 정확한 예측하의 이익(1,100개 구입 시)
- 수익 = 1,100개 × ₩650 = ₩715,000
- 비용 = 원가 + 기부금 = 1,100개 × ₩400 + ₩55,000 = ₩495,000
- 이익 = 715,000 − 495,000 = ₩220,000

㉡ 실제 이익(1,500개 구입 시)
- 수익 = 1,100개 × ₩650 + 400개 × ₩60 = ₩739,000
- 비용 = 1,500개 × ₩400 + ₩55,000 = ₩655,000
- 이익 = 739,000 − 655,000 = ₩84,000

㉢ 예측오차의 원가 = 220,000 − 84,000 = ₩136,000

32 각 대안의 기대값은 다음과 같다.

$E(A_1) = 100 \times 0.1 - 60 \times 0.2 + 80 \times 0.3 + 40 \times 0.4 = 38$

$E(A_2) = 80 \times 0.1 - 40 \times 0.2 + 120 \times 0.3 + 20 \times 0.4 = 44$

$E(A_3) = 120 \times 0.1 - 70 \times 0.2 + 60 \times 0.3 + 20 \times 0.4 = 24$

완전정보하의 기대값 = 120 × 0.1 − 40 × 0.2 + 120 × 0.3 + 40 × 0.4 = 56
기존정보하의 기대값 44
완전정보의 기대값(EVPI) 12

33 다음 중 순현재가치법에 대한 설명으로 옳지 않은 것은?

① 순현재가치는 현금유입액의 현재가치에서 현금유출액의 현재가치를 차감하여 계산된다.
② 독립된 투자안에 대한 의사결정 시 NPV가 0보다 크면 투자안을 채택한다.
③ 화폐의 시간가치를 고려하고 할인율을 이용하여 위험을 적절히 반영할 수 있다.
④ 투자기간 동안의 현금흐름을 내부수익률로 재투자한다고 가정한다.

34 다음은 어느 것을 설명하고 있는가?

> 투자안의 내부수익률로 재투자된다고 가정하며 복수의 내부수익률이 존재할 수도 있으며 계산과정이 복잡하다는 단점을 가진다.

① 회수기간법(PP)
② 내부수익률법(IRR)
③ 순현재가치법(NPV)
④ 회계적 이익률법(ARR)

35 다음 자료에 의하여 첫 해의 평균장부가액에 의한 회계적 이익률(ARR)은?

> • 비영리법인
> • 세차감 후 현금유입액 : ₩650,000
> • 원초투자액 : ₩2,000,000, 잔존가치 0, 정액법 적용, 내용연수 5년

① 12.5%
② 13.89%
③ 25%
④ 37.5%

ANSWER | 33.④ 34.② 35.②

33 ④ 투자기간 동안의 현금흐름을 내부수익률로 재투자한다고 가정하는 것은 내부수익률법이다.

34 ② 내부수익률법은 기존투자안의 수익률과 재투자수익률이 동일하다는 가정을 한다.

35 순이익 = 650,000 − ㉠ 400,000 = ₩250,000

㉠ 감가상각비 : $(2{,}000{,}000 - 0) \times \frac{1}{5}$ = ₩400,000

㉡ 평균장부가액(첫해) = (2,000,000 + 1,600,000) ÷ 2 = ₩1,800,000

회계적 이익률 = $\frac{250{,}000}{㉡1{,}800{,}000} = 13.89\%$

36 서원회사는 ₩480,000에 기계를 매입하였다. 이 기계의 내용연수는 6년이고 잔존가치는 없으며, 정액법으로 감가상각된다. 이 기계는 6년 동안 매년 영업활동으로부터 ₩140,000의 법인세차감 후 현금유입을 가져다 줄 것이다. 서원회사의 기대이익율은 14%이며, 현재가치산출에 따른 자료는 다음과 같다. 순현재가치는 얼마인가?

기간	₩1당 현재가치 (이자율 14%)	₩1당 연금의 현재가치 (이자율 14%)
6	0.456	3.889

① ₩63,840
② ₩64,460
③ ₩218,880
④ ₩233,340

37 ㈜현웅은 취득원가 ₩450,000, 감가상각누계액 ₩200,000인 포장용 기계를 보유하고 있다. 만약 이 기계를 중고시장에 판매한다면 ₩250,000을 받을 수 있으며, 같은 성능과 종류의 중고기계를 중고시장에서 ₩310,000에 취득할 수 있다. 계속 이 기계를 사용한다면 기회비용을 측정하는 데 적합한 금액은 얼마인가?

① ₩200,000
② ₩250,000
③ ₩310,000
④ ₩450,000

38 다음 중 적시재고관리시스템(Just－in－time inventory system)의 장점에 해당되지 않는 것은?

① 재고유지비용의 절감
② 재고저장공간의 절약
③ 생산준비시간의 단축
④ 제품품절에서 오는 위험의 회피

ANSWER | 36.② 37.② 38.④

36 순현재가치(NPV) = 현금유입액의 현재가치 － 현금유출액의 현재가치
= 140,000 × 3.889 － 480,000
= ₩64,460

37 기회비용이란 재화 · 용역 · 생산설비를 특정 용도 이외의 다른 대체적인 용도로 사용할 경우에 얻을 수 있는 최대 금액을 말한다. 이 기계를 계속 사용하는 용도 이외에 대체적인 용도는 중고시장에 판매하는 것으로 이때는 ₩250,000을 받을 수 있으므로 이 금액이 기회비용이 된다.

38 적시재고(JIT)시스템의 기본목적은 재고를 최소화시킴으로서 재고관련비용을 절약하려는 데 있다. 따라서 갑작스런 대량주문 등으로 인하여 제품의 품절시에 여유재고가 없기 때문에 즉시 대처하기 어렵다는 문제점이 있다.

39 다음의 자료로 최소의 기대기회손실(완전정보가치 EVPI)을 계산하면?

	상환 1(20%)	상환 2(80%)
대안 I	232,400	−70,350
대안 II	16,400	16,400

① ₩9,800
② ₩16,400
③ ₩43,200
④ ₩72,000

40 서원회사의 연간 원재료사용량은 2,000,000단위이며, 1회 주문비용은 ₩45,000이고 단위당 연간 재고유지비는 ₩20이다. 주문 후 상품이 인도되는 기일은 3일이 걸린다. 서원회사의 1일 재고사용량은 6,000개이며, 안전재고는 2,000개이다. 이 경우 경제적 주문량과 재주문점 재고는 각각 몇 개인가?

	경제적 주문량	재주문점 재고
①	300,000개	18,000개
②	300,000개	20,000개
③	400,000개	18,000개
④	430,000개	18,000개

ANSWER | 39.③ 40.②

39 E(I) = 232,400 × 0.2 − 70,350 × 0.8 = −9,800

E(II) = 16,400 × 0.2 + 16,400 × 0.8 = 16,400

완전정보하의기대값 = 232,400 × 0.2 +16,400 × 0.8 = 59,600	
기존정보하의 기대값	△16,400
완전정보의 기대가치(EVPI)	43,200

40 재주문점 = 하루사용량 × 조달기간 + 안전재고

= 6,000 × 3 + 2,000 = 20,000개

경제적 주문량(EOQ) = $\sqrt{\frac{2 \times 2,000,000 \times 45,000}{2}}$ = 300,000개

41 전부원가계산제도를 채택하고 있는 ㈜서원의 2025년도 예산편성을 위한 자료이다. 손익분기점 판매수량은? (단, 생산량은 11,000개)

• 판매단가	₩3,000
• 제품단위 당 원가	₩1,600
• 변동비	₩1,500
• 고정비(기준조업도 10,000개 기준)	₩100
• 변동판매비	₩500/단위
• 고정판매비 및 일반관리비	₩1,000,000

① 667개 ② 1,000개
③ 2,000개 ④ 10,000개

42 다음 중 사내대체가격을 결정하는 원칙으로 옳지 않은 것은?

① 공급부서의 최소대체가격은 변동원가이다.
② 사업부 간 관련이 적은 경우는 보통 시장가격이 최대 대체가격이 된다.
③ 사업부 간 경쟁이 심한 경우는 시장가격이 대체가격이 된다.
④ 기업 전체의 관점에서 본 관련 원가와 기업의 사업부의 관점에서 본 대체가격의 경제성을 고려하여 결정한다.

ANSWER | 41.③ 42.①

41 생산량과 판매량이 같다고 본다.
㉠ **고정비** : 1,000,000 + 100 × 10,000 = ₩2,000,000
㉡ **변동비** : 1,500 + 500 = @2,000
CVP전제조건인 생산량과 판매량이 같다고 할 경우 손익분기점 판매량은 다음과 같다.

$$Q_{B.E.P} = \frac{2,000,000}{(3,000-2,000)} = 2,000\text{개}$$

42 목표일치성에 부합하는 공급부서의 최소대체가격은 증분(변동)원가 + 기회원가이다. 효율적인 시장이 존재하는 경우 시장가격이다.

43 다음 중 보조부문의 원가배분에 관한 설명으로 가장 옳은 것은?

① 보조부문원가는 제조부문에 배부하지 않고 기간원가로 처리해야 한다.
② 직접배분법, 단계배분법, 상호배분법은 모두 보조부문 상호 간의 용역수수를 고려하는 원가배분방법이다.
③ 보조부문의 원가를 배부할 때에는 항상 수혜기준을 우선적으로 고려해야 한다.
④ 재고가 존재하지 않는다면 어떤 방식으로 보조부문의 원가를 배분하더라도 회사의 총이익은 변하지 않는다.

ANSWER | 43.④

43 ① 보조부문원가는 제조부문에 배부해야 한다.
② 직접배분법은 보조부문 상호 간의 용역수수를 고려하지 않는다.
③ 보조부문 원가를 배부할 때 항상 수혜기준을 우선적으로 고려하는 것은 아니다.